作って楽しい 飾ってうれしい

わくわく作品展

共同製作&個人製作アイデア

子どもが「いい顔」になる！

作品展を

子 どもたちの成長を形にできる作品展。それぞれの年齢ならではの興味や経験を表現するには、楽しみながら製作するのが一番ですね。この本には、子どもが大好きな技法やテーマの作品がたくさん登場します。

共 同製作では、みんなで大きな作品にチャレンジ！　仲間と力を合わせて作り上げる醍醐味を味わえる製作を、3・4・5歳児で年齢別に5プランずつ掲載しました。迫力満点の仕上がりに、達成感もひとしおです。

楽しもう！

個 人製作では、子どもが個性を存分に発揮できる作品を、さまざまな切り口で紹介します。慣れ親しんだ素材や技法を、さらに魅力的に見せるアイデアがいっぱい！ 対象年齢の表示付きです。

い きいきと「いい顔」で作った作品は、見る人のうれしい気持ちも引き出します。子どもたちの誇らしい顔と、来場者の笑顔があふれるすてきな作品展を楽しみましょう！

作って楽しい 飾ってうれしい

わくわく作品展

共同製作＆個人製作アイデア

もくじ

第1章　みんなで作ろう！共同製作

5歳児
- 8　富士山に登ろう！・・・・・ヤッホー人形／塗りたくり富士山／こすり出し木＆山小屋／ふわふわ雲
- 12　ようこそ！みんなの町・・・・町に暮らすぼく・わたし／町にある物いろいろ／町のランドマーク
- 16　ミラクル☆宇宙ワールド・・リサイクル素材宇宙船＆宇宙人／わくわく乗組員／ピカピカロケット
- 18　わくわくクルーズ・・・・・・・・旗振り人形／海の仲間たち／みんなの船
- 20　ハートフル・タペストリー・・・・・・・・大好きモチーフ／カラフルタッセル

4歳児
- 22　遊園地へようこそ！・・・・・・にこにこゲスト人形／クラスアーチ／わくわくアトラクション
- 26　妖精の森へおいでよ・・・・森の妖精さん／実りのりんご／カラフルきのこ／森のシンボルツリー
- 30　アニマルランド・・・・・・・・・・・・・・・・BOXアニマル／ペタペタウッド
- 32　大きな大きなお友達とおしゃれTシャツ・・・・・おしゃれTシャツ／大きな大きなお友達
- 34　お魚いっぱい 海の世界・・・・・・・・・・・すいすいフィッシュ／たんぽで塗る海と雲

3歳児
- 36　みんなの仲よしツリー・・・・・・・・・にこにこりんご／封筒人形／仲よし手形ツリー
- 38　おいしいドーナツやさん・・・・・・・・・・・・・・・・・・マイドーナツセット
- 40　あま〜いお菓子のおうち・・・・・・・・・・・くしゃペタクッキー／スタンプキャンディー
- 42　お弁当持ってピクニック・・・・・・・・・・・・・・・・・・・・・・デリシャスランチ
- 44　天空タワーハウス・・・・・・・・・・・しあわせのはじき絵バード／牛乳パックハウス

- 46　おまけコーナー①・・・・ひとくふうでおもてなし **来場者にうれしい 展示アイデア**

第2章　のびのび作ろう！個人製作

●…5歳児　●…4歳児　●…3歳児

- 50　顔の自画像
  - ●発泡トレー自画像　●片段ボール自画像
  - ●テラコッタふう粘土自画像　●ガーゼ＆綿自画像

- 52　全身の自画像
  - ●紙袋＆新聞紙の等身大自画像　●なぞり描きの等身大自画像
  - ●手作り洋服のおしゃれ自画像　●折り紙のバンザイ自画像

- 56　スクラッチ
  - ●●クレヨン＆絵の具スクラッチ　●アクリル絵の具スクラッチ
  - ●キラキラ折り紙スクラッチ　●ペン＆クレヨンのお魚スクラッチ

- 58　いろいろ版画
  - ●シンプル画用紙版画　●紙箱ロボット版画
  - ●コラージュアニマル版画　●セロハンテープ版画

- 60　観察画
  - ●●見て触って描く観察画　●●なぞって描く観察画

- 62　変わり描画
  - ●砂キャンバス描画　●点描ランプシェード　●フィンガー絵の具描画
  - ●半立体のにじみ絵フラワー　●紙粘土レリーフふう描画　●海のお魚はじき絵
  - ●ペープサートふう描画　●手形宇宙人

- 66　立体貼り
  - ●キラキラ宇宙人　●折って貼ってBOXハウス
  - ●片段ボールツリー　●レジ袋のふわふわ気球

- 68　飾り貼り
  - ●カラフル★デコTシャツ　●ちぎり折り紙の虹色小鳥バッグ
  - ●発泡トレーのおめかしバード　●段ボール板の具だくさんピザ

- 70　毛糸を使って
  - ●原寸大のぬくぬくセーター　●巻き巻き毛糸のあったか帽子
  - ●おしゃれ指編みマフラー　●空き箱織り機のコースター

- 72　布を使って
  - ●パッチワーク＆毛糸通しバッグ　●大好きモチーフアップリケ巾着
  - ●布に描く油性ペン描画　●紅茶の絞り染め手ぬぐい

- 74　自然物を使って
  - ●秋の自然物ジオラマ　●どんぐりと毛糸のペンダント
  - ●木の実と種のオリジナルケーキ　●まつぼっくりみのむしとゆらゆらアニマル

- 76　飾りフレーム
  - ●四隅立ち上げ箱形フレーム　●卵の殻のもこもこフレーム
  - ●毛糸巻き巻きフレーム　●軽量紙粘土のカラフルフレーム

- 78　おまけコーナー❷　作品がすてきに栄える！**とっておき 飾り方アイデア**

第 1 章　みんなで作ろう！

共同製作

力を合わせて作る大きな作品は
声かけや話し合いでイメージを共有しながら
ダイナミックに作りましょう。

5歳児

富士山に登ろう！

ダイナミックに塗りたくりをした富士山に山登り。
ヤッホー人形はカラフルに仕上げると展示栄えします。

案・製作　くまがいゆか

個人で作る
ヤッホー人形

みんなで作ったよ

5歳児

富士山に登ろう！

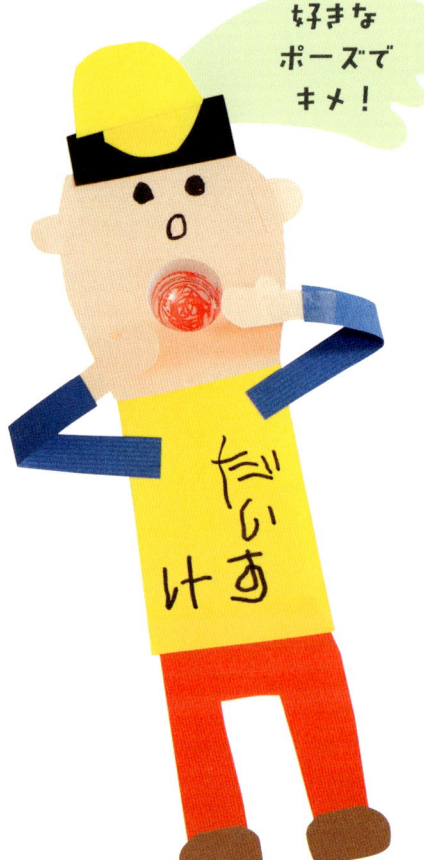

好きな
ポーズで
キメ！

● 個人で作る
ヤッホー人形

ガムシロップの容器で「ヤッホー！」のまあるい口を表現。表情や手足の形に子どもの個性が光ります。

材料 色画用紙、画用紙、ガムシロップの容器

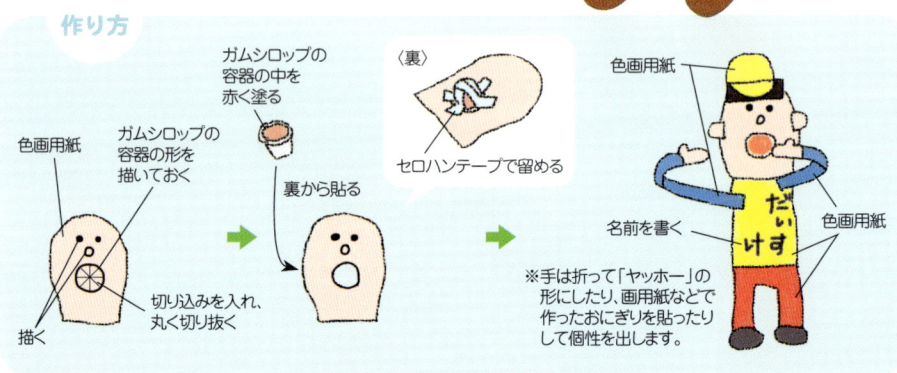

■ みんなで作る
塗りたくり富士山

大きな模造紙をみんなで塗りたくり。
同系の2色を使うと、色合いに深みが出ます。

材料 模造紙、新聞紙

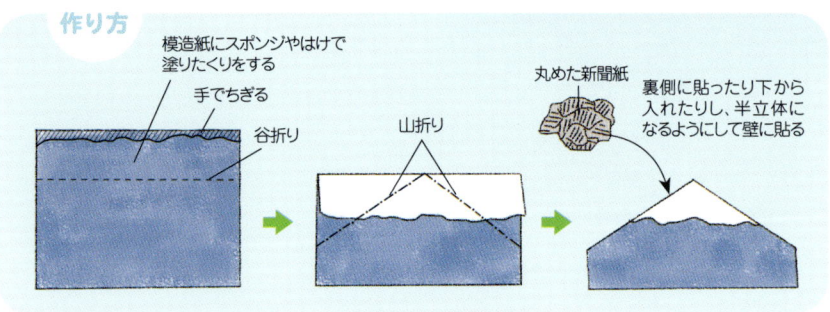

● 個人で作る
こすり出し木&山小屋

折り紙に、葉やかご、段ボール板などを使った
こすり出しで模様をつけます。

材料 折り紙、葉、かご、段ボール板

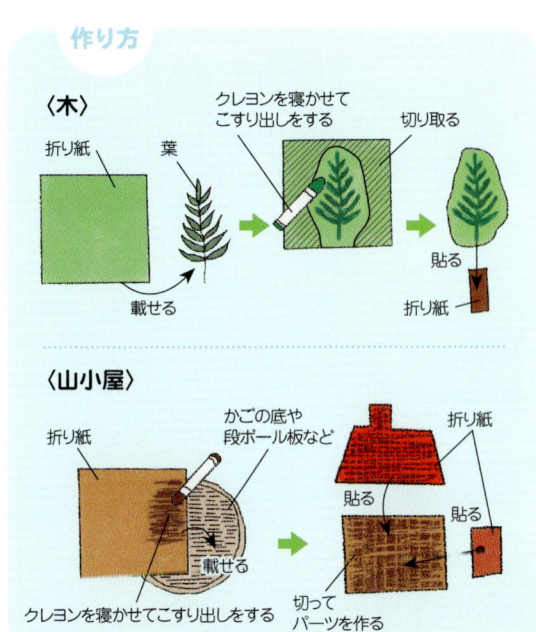

こすり出す素材を
いろいろ
探してみよう

■ みんなで作る
ふわふわ雲

丈夫な障子紙をよくもんで、
ふわりとした質感に。

材料 障子紙

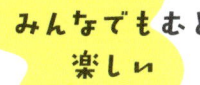
みんなでもむと
楽しい

どんどん塗れて
おもしろい！

よくもんで
しわをつけた
障子紙を
手でちぎる

共同製作

11

5歳児 ようこそ！みんなの町

共同製作

たくさんの建造物や住人を作って、にぎやかに町作り。
かがんでのぞくと、まるで本物の町にやって来たみたい！

案・製作　尾田芳子

みんなで作る
町のランドマーク

個人で作る
**町に暮らす
ぼく・わたし**

ミラーシートを展示に活用！

町の端にミラーシートを貼ったボードを配置すると、本来見えない角度からものぞけるほか、町並みを反射して空間の広がりを演出する効果も。

みんなで作る
**町にある物
いろいろ**

13

5歳児 ようこそ！みんなの町

自画像で町の主人公に！

● 個人で作る
町に暮らす ぼく・わたし

人形はあえてシンプルにすることでジオラマがすっきりまとまります。

材料 画用紙、トイレットペーパー芯、折り紙・柄入り折り紙

作り方
- 画用紙にクレヨンで顔を描く
- トイレットペーパー芯
- 折り紙を巻く

■ みんなで作る
町にある物いろいろ

リサイクル素材や紙コップなどをうまく見立てて、楽しく作りましょう。

材料 空き箱、色画用紙、トイレットペーパー芯、お花紙、紙コップ
上記のほかリサイクル素材や身近な材料を使って自由に作ります。

どんな物があるかみんなで話し合ってみよう

作り方

〈自動車〉
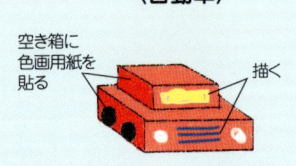
空き箱に色画用紙を貼る／描く

〈信号機〉
トイレットペーパー芯／色画用紙に描く

〈木〉
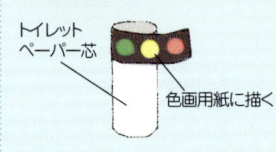
お花紙を丸める／貼る／紙コップに絵の具を塗る

14

■ みんなで作る
町のランドマーク

ランドマークとなる大きな建物にもチャレンジ。
友達と協力しながら作る姿は5歳児ならではです。

材料 〈観覧車〉段ボール板、ティッシュ箱、空き箱、画用紙、色画用紙、ビニールテープ、竹ひご、
〈園舎〉段ボール箱、段ボール板、空き箱、色画用紙、画用紙、布、ビニールテープ、ゼリーの容器、お花紙、ペットボトルのふた、牛乳パック、柄入り折り紙
その他の建物や家具は、上記のほかリサイクル素材や身近な材料を使って自由に作ります。

共同製作

くふう次第で
身近な素材が
かっこいい建物に

建物に大小の差をつけると景色がぐっとリアルに。

模造紙にグリーンや道を描いて地面にします。

箱を使って段差をつけるとめりはりが出ます。

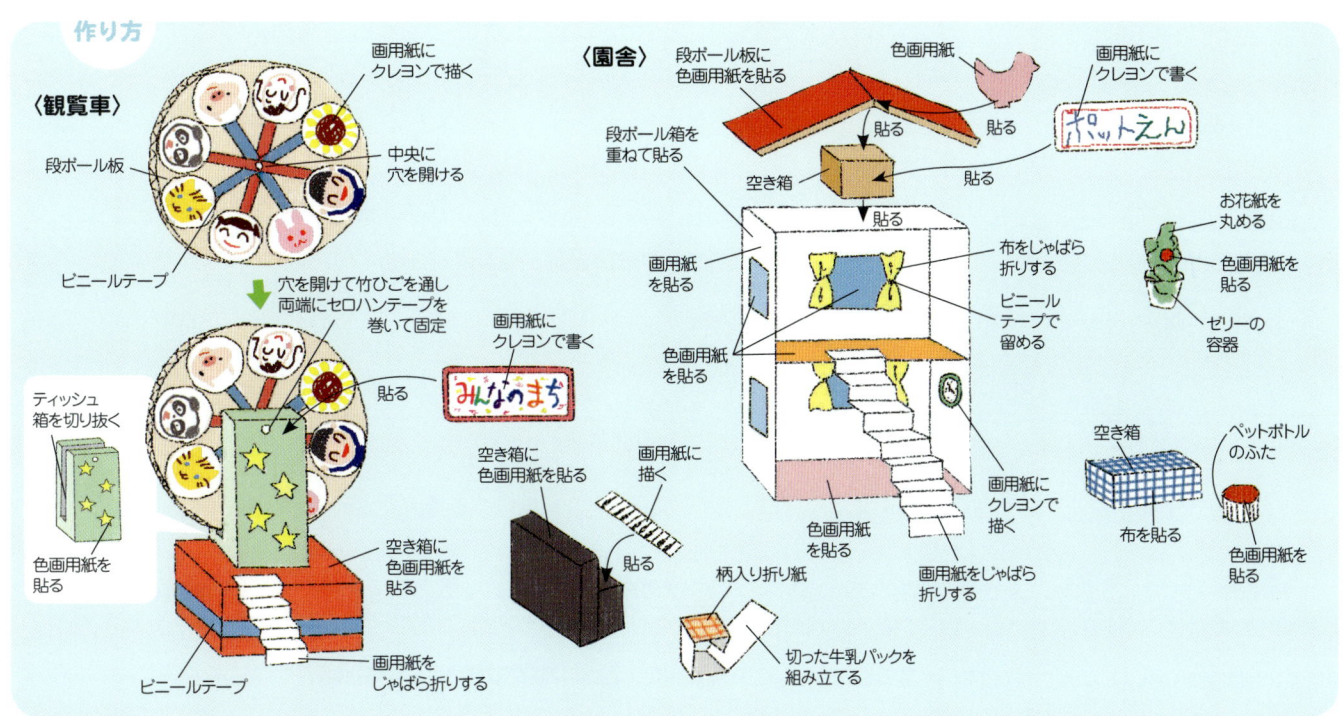
作り方

共同製作

● 個人で作る
リサイクル素材 宇宙船&宇宙人

ペットボトルや牛乳パックの形をいかし、自由に飾って作ります。

材料 ペットボトル、牛乳パック、画用紙、色画用紙、スズランテープ、お花紙、キラキラしたテープ、モール、トイレットペーパー芯、アルミホイル、てぐす

上記のほかリサイクル素材や身近な材料を使って自由に作ります。

てぐすで
つり下げて
宇宙遊泳

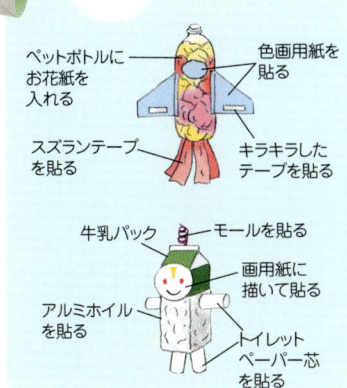

作り方
- ペットボトルにお花紙を入れる
- 色画用紙を貼る
- スズランテープを貼る
- キラキラしたテープを貼る
- 牛乳パック
- モールを貼る
- アルミホイルを貼る
- 画用紙に描いて貼る
- トイレットペーパー芯を貼る

● 個人で作る
わくわく乗組員

「宇宙に行っているときの顔」を画用紙にいきいきと表現します。

材料 画用紙

■ みんなで作る
ピカピカロケット

銀ピカのボディがかっこいいロケット。
下に黒い画用紙を貼ることで、宙に浮く様子を表現します。

材料 段ボール板、色画用紙、アルミホイル、片段ボール、スズランテープ、発泡トレー、キラキラした折り紙

ピカピカボディと
ロケット噴射で
大迫力！

作り方

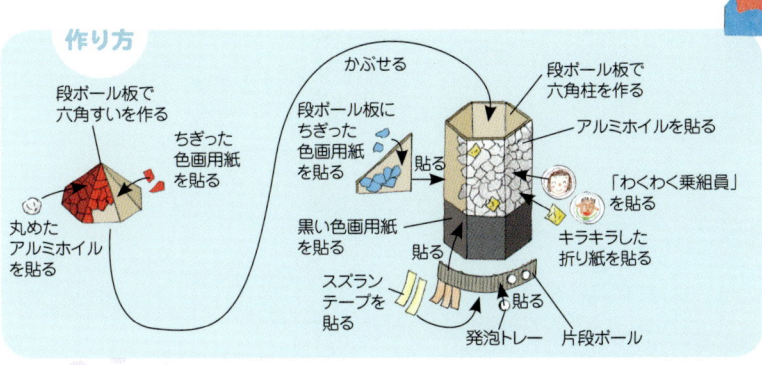
- 段ボール板で六角すいを作る
- ちぎった色画用紙を貼る
- 丸めたアルミホイルを貼る
- かぶせる
- 段ボール板にちぎった色画用紙を貼る
- 段ボール板で六角柱を作る
- アルミホイルを貼る
- 黒い色画用紙を貼る
- 「わくわく乗組員」を貼る
- キラキラした折り紙を貼る
- スズランテープを貼る
- 発泡トレー
- 片段ボール

5歳児

わくわくクルーズ

みんなを乗せた大きな船が出航！
船体は絵の具をはけで塗って、ダイナミックな印象に。

案・製作　くまがいゆか

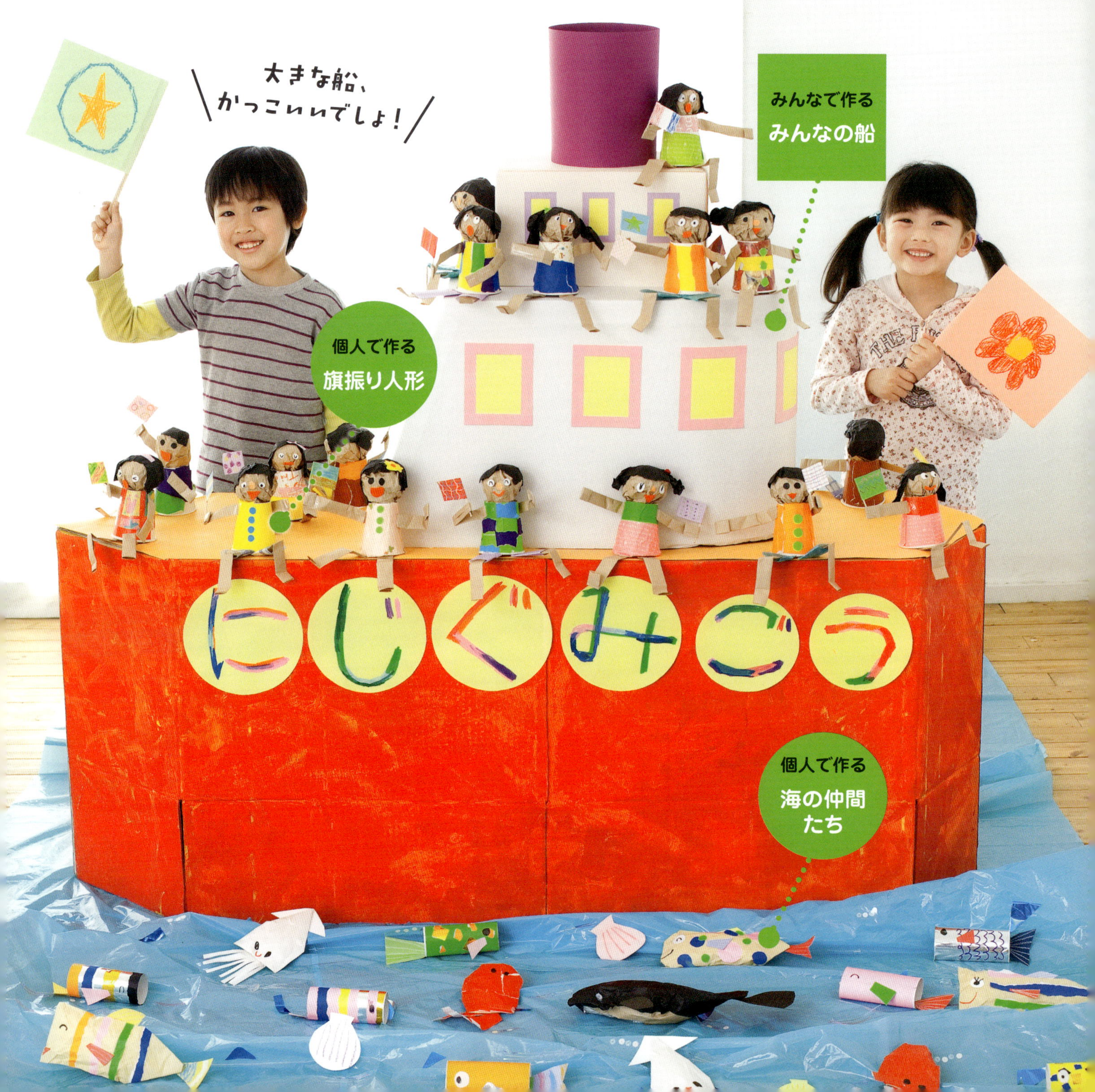

大きな船、かっこいいでしょ！
みんなで作る
みんなの船
個人で作る
旗振り人形
にじぐみごう
個人で作る
海の仲間たち

共同製作

旗を片手に元気にポーズ！

● 個人で作る
旗振り人形

表情や色使いで快活な明るさを演出。
手足にモールを仕込めば、
ポーズも自由自在です。

材料 クラフト紙、新聞紙、色画用紙、モール、紙コップ、折り紙、包装紙、つまようじ

● 個人で作る
海の仲間たち

封筒やトイレットペーパー芯など
加工しやすい紙素材で、波間に浮かぶ
海の仲間を作ります。

材料 封筒、ティッシュペーパー、トイレットペーパー芯、折り紙、カラーポリ袋、スパンコール、キラキラしたリボン、キラキラした折り紙、ペットボトル
上記のほかリサイクル素材や身近な材料を使って自由に作ります。

■ みんなで作る
みんなの船

段ボール箱をつなげて作る大きな船は
クラス名を掲げて友情の象徴に。

材料 段ボール箱、段ボール板、片段ボール、色画用紙、模造紙

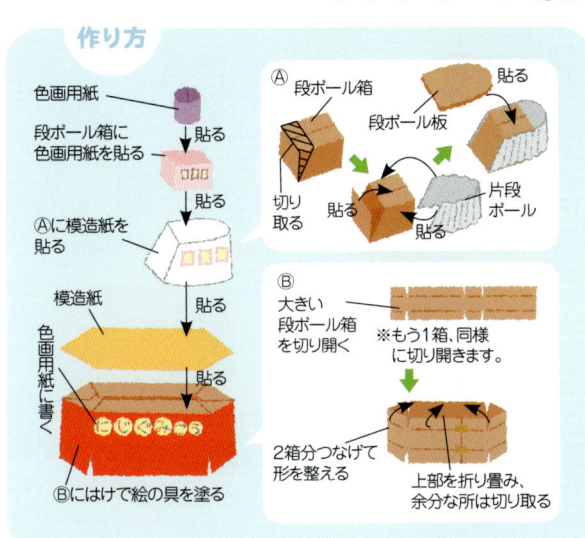

5歳児

個人で作る
大好きモチーフ

わたしのはこれだよ

個人で作る
カラフルタッセル

ハートフル・タペストリー

布の柔らかな風合いがすてきです。
さまざまな柄のはぎれを貼っていく作業が楽しい!

案・製作　代々木公園アートスタジオ

共同製作

針も糸も使わない簡単パッチワーク

● 個人で作る
大好きモチーフ

紙に隙間なくはぎれを貼って、
パッチワークふうに。
コラージュの要領で好きな物を表現します。

材料 コピー用紙、はぎれ、布

作り方

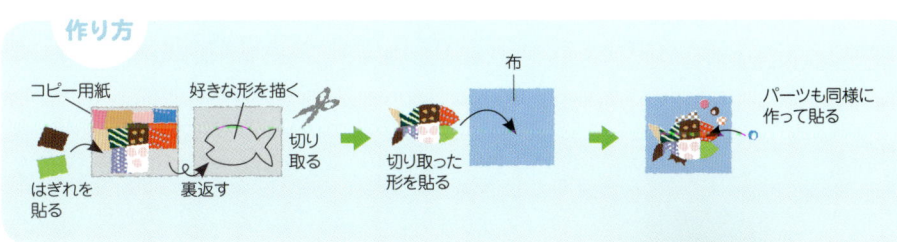

コピー用紙／はぎれを貼る／好きな形を描く／裏返す／切り取る／布／切り取った形を貼る／パーツも同様に作って貼る

● 個人で作る
カラフルタッセル

毛糸のタッセルで、タペストリーをさらにおしゃれに。

材料 毛糸

step1

好きな色の毛糸を選んで束ね、半分に折る。

step2

根元から3cmくらいのところを別の毛糸でしっかり結ぶ。

step3

端を切りそろえる。

タペストリーの仕上げ

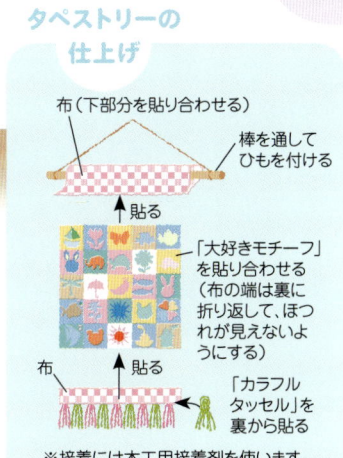

布（下部分を貼り合わせる）
棒を通してひもを付ける
貼る
「大好きモチーフ」を貼り合わせる（布の端は裏に折り返して、ほつれが見えないようにする）
布　貼る
「カラフルタッセル」を裏から貼る

※接着には木工用接着剤を使います。

21

4歳児 遊園地へようこそ！

みんなで作った遊園地。子どもたちの人形とかごは、全ての乗り物に共通して乗せることができます。

案・製作　町田里美

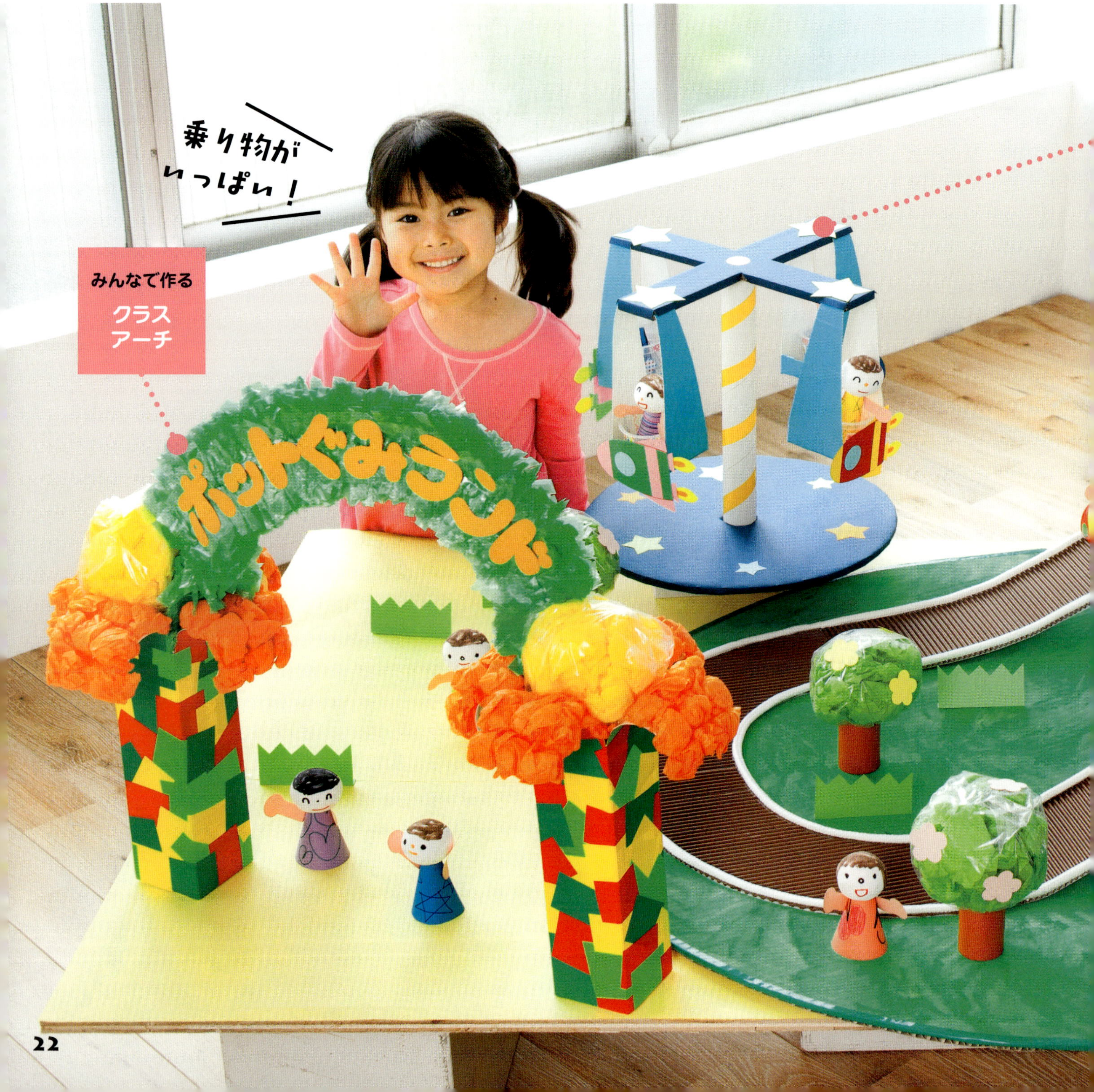

乗り物がいっぱい！

みんなで作る
クラスアーチ

4歳児 遊園地へようこそ！

● 個人で作る
にこにこゲスト人形

立体に顔を描くところが頑張りポイント

おめかしして遊園地におでかけ。
頭は、木工用接着剤をしっかり付けて固定します。

材料 色画用紙、軽量紙粘土、クラフトテープ、ゼリーの容器、マスキングテープ

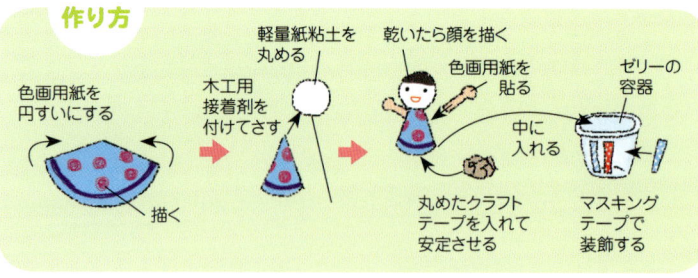

作り方

ゼリーの容器に入れることで人形が乗り物の中で安定し、乗せ替えも簡単になります。

■ みんなで作る
クラスアーチ

切り貼りした折り紙と丸めたお花紙で飾りつけた、にぎやかなアーチです。

材料 牛乳パック、折り紙、お花紙、ポリ袋、スズランテープ、ワイヤー、色画用紙

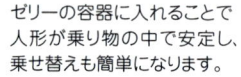

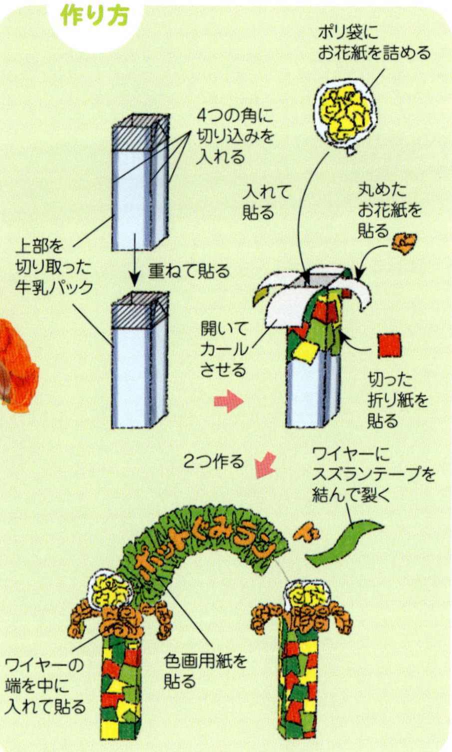

共同製作

乗せる所の数は
人数に合わせて

■ みんなで作る
わくわくアトラクション

子どもたちが大好きなアトラクションは
実際に人形を乗せられるので、楽しさが倍増します。

材料　〈観覧車〉 段ボール板、色画用紙、竹ひご、軽量紙粘土、牛乳パック、空き箱、カラークラフトテープ、カラー工作用紙、シール折り紙、プッシュピン
〈ジェットコースター〉 牛乳パック、カラークラフトテープ、色画用紙、丸シール、綿ロープ、片段ボール
〈回転ロケット〉 段ボール板、色画用紙、ラップフィルム芯、カラー工作用紙、ビニールテープ、牛乳パック、丸シール
〈木・草〉 色画用紙、ポリ袋、お花紙

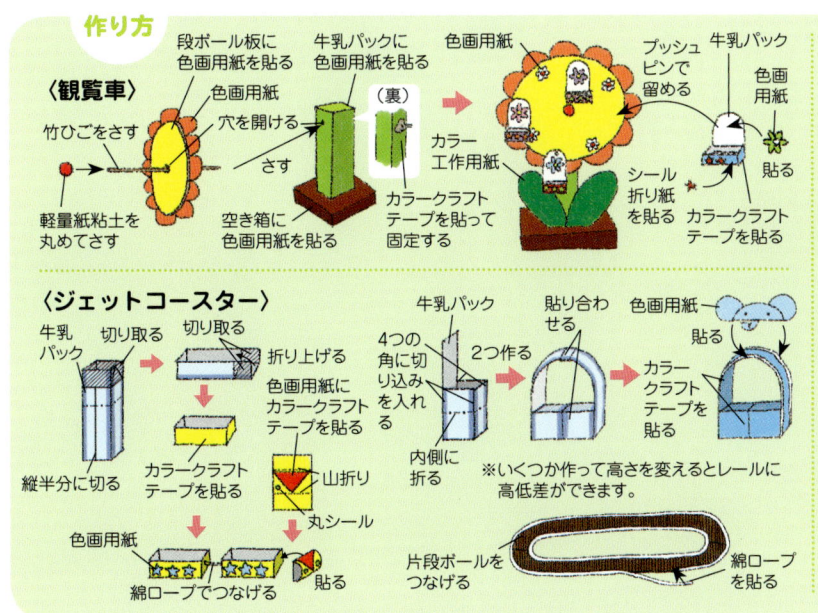
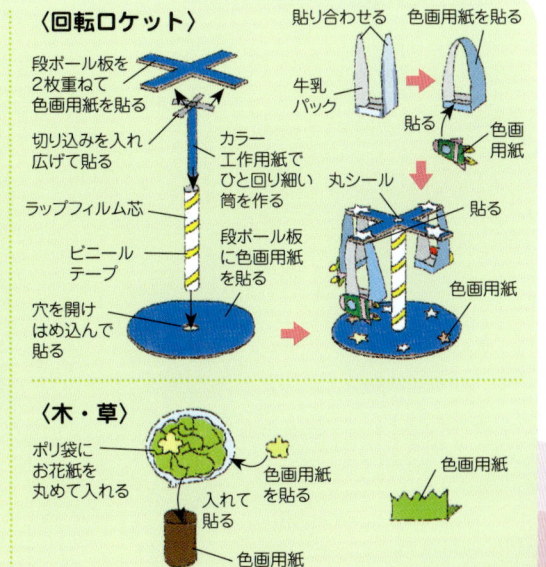

共同製作

妖精の森へおいでよ

木のトンネルをくぐると、妖精たちの住む世界。
もこもこした立体的な木も子どもたちと作ります。

案・製作　山下味希恵

● 個人で作る
森の妖精さん

とんがり帽子のかわいい妖精に、カールさせた手と
じゃばら折りの足で動きをプラス。

材料　色画用紙、紙コップ、丸シール、フェルト

足はハの字に貼るとバランス◎

個人で作る
カラフル きのこ

作り方

色画用紙
描く
色画用紙を
カールさせる
貼る

紙コップに
はじき絵をする
丸シールや
フェルトを貼る

貼る
色画用紙を
じゃばら折りする

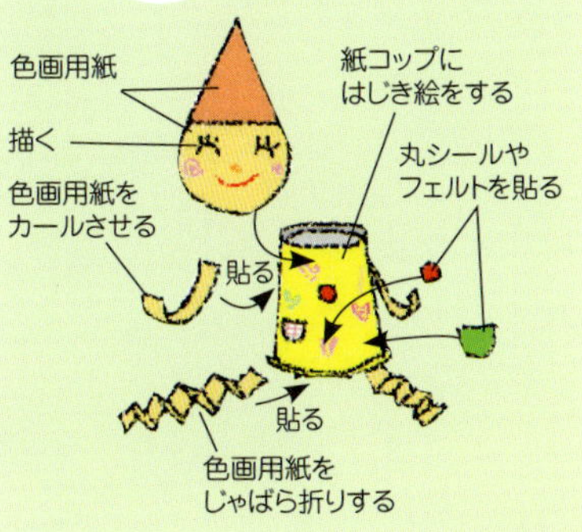

4歳児 妖精の森へおいでよ

● 個人で作る
実りのりんご

一見シンプルですが、新聞紙を丸める力強さに育ちが感じられる作品です。

材料 新聞紙、色画用紙

おいしそうな
ぷっくり質感

作り方
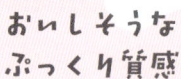
色画用紙を貼る
丸めた新聞紙を絵の具で塗る

● 個人で作る
カラフルきのこ

子どもたちが大好きなモチーフは、思い思いの色で元気よく仕上げて。

材料 軽量紙粘土、トイレットペーパー芯

カラフル過ぎる
くらいが
ちょうどいい♪

作り方

軽量紙粘土を丸めて絵の具で塗る
木工用接着剤で貼る
トイレットペーパー芯を切って絵の具で塗る

■ みんなで作る
森のシンボルツリー

塗る、貼る、包むとさまざまな技法を含むツリーは作る過程もしっかり楽しめます。

材料 段ボール板、段ボール箱、新聞紙、布、発泡トレー、ひも、色画用紙、クラフト紙、エアーパッキング、ワイヤー、ポリ袋

共同製作

作り方

〈葉〉
ポリ袋に新聞紙をふっくらと詰めて口を閉じる　貼る　絵の具を塗った新聞紙　→　乾いたら中の新聞紙を取り出し、エアーパッキングを詰める

〈枝〉
エアーパッキングで巻く　ワイヤー　絵の具を塗ったクラフト紙で巻く　幹に穴を開ける　さし込んで内側に貼る　先をねじる　色画用紙を貼る　葉脈は新聞紙

〈幹〉
段ボール板を塗る　積み重ねる　クラフトテープでしっかりと貼る　段ボール箱　ひもを付ける　かける　発泡トレーに布を貼る　切り抜く　布を敷く　新聞紙に絵の具を塗る　貼る

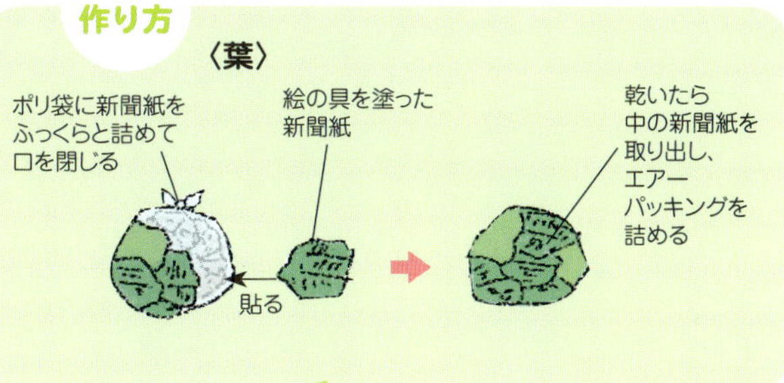

通りたくなるトンネル付き！

■ みんなで作る
BOXアニマル

段ボール箱、ティッシュ箱、
牛乳パックが大きな動物に変身！
はけを使った塗りたくりも楽しめます。

材料 段ボール箱、ティッシュ箱、牛乳パック、色画用紙、模造紙、トイレットペーパー芯、新聞紙、スズランテープ、ワイヤー

「パオーン！鼻が動かせるよ」

ぞうの鼻は、はけで絵の具を塗った模造紙をちょうつがいのように貼って曲げられるようにします。

共同製作

段ボール板を貼りつなげ、ちぎった包装紙を貼ります。

■ みんなで作る
ペタペタウッド

高〜い木も、小さなパーツを
組み合わせることで簡単に作れます。

材料 段ボール板、包装紙

「どんどん塗ろう！」

作り方

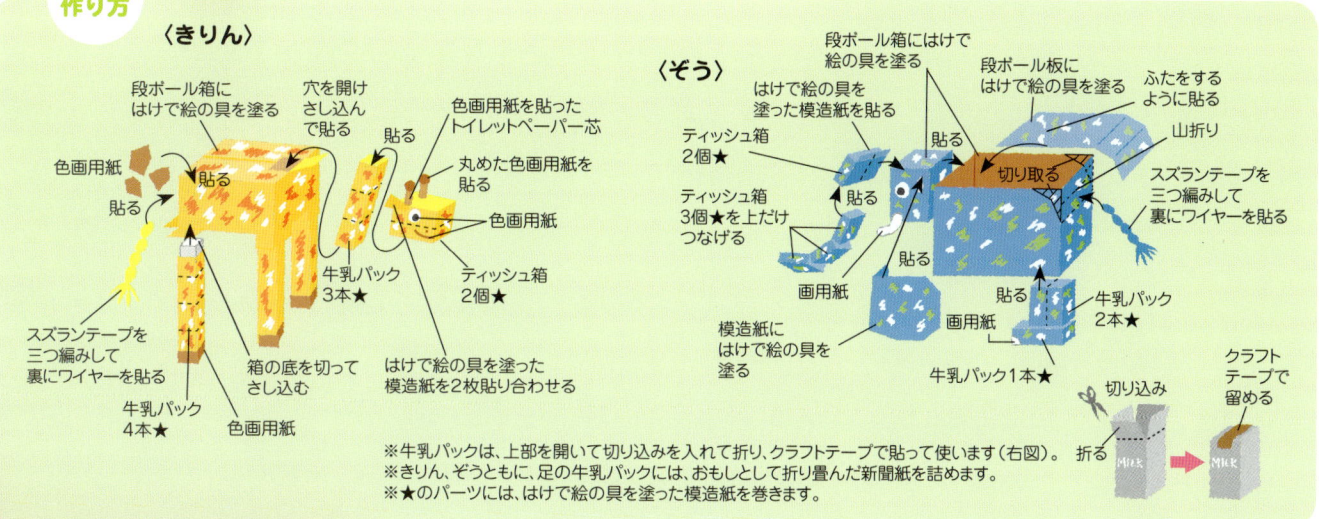

〈きりん〉
- 段ボール箱にはけで絵の具を塗る
- 穴を開けさし込んで貼る
- 色画用紙を貼ったトイレットペーパー芯
- 丸めた色画用紙を貼る
- 色画用紙
- 貼る
- 色画用紙
- 牛乳パック3本★
- ティッシュ箱2個★
- スズランテープを三つ編みして裏にワイヤーを貼る
- 牛乳パック4本★
- 箱の底を切ってさし込む
- はけで絵の具を塗った模造紙を2枚貼り合わせる
- 色画用紙

〈ぞう〉
- 段ボール箱にはけで絵の具を塗る
- はけで絵の具を塗った模造紙を貼る
- 段ボール板にはけで絵の具を塗る
- ふたをするように貼る
- ティッシュ箱2個★
- ティッシュ箱3個★を上だけつなげる
- 切り取る
- 山折り
- 貼る
- スズランテープを三つ編みして裏にワイヤーを貼る
- 画用紙
- 貼る
- 画用紙
- 模造紙にはけで絵の具を塗る
- 貼る
- 牛乳パック2本★
- 牛乳パック1本★
- 切り込み
- 折る
- クラフトテープで留める

※牛乳パックは、上部を開いて切り込みを入れて折り、クラフトテープで貼って使います（右図）。
※きりん、ぞうともに、足の牛乳パックには、おもしとして折り畳んだ新聞紙を詰めます。
※★のパーツには、はけで絵の具を塗った模造紙を巻きます。

31

共同製作

● 個人で作る
おしゃれTシャツ

絵の具を転写して作った自分だけのTシャツが自慢！

材料 色画用紙

作り方

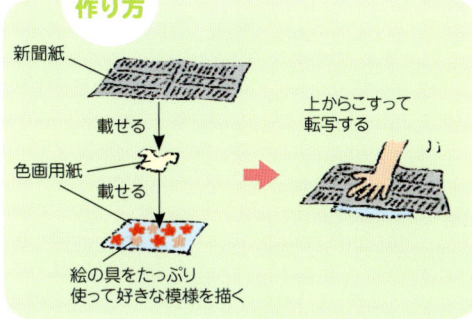

世界で一つの
オリジナル柄

かっこいい でしょ？　できた！

■ みんなで作る
大きな大きなお友達

張り子ふうの技法で作る、ジャンボサイズのお友達。
みんなで協力して作ると楽しい！

材料 新聞紙、クラフトテープ、色画用紙、模造紙、
毛糸、綿ロープ、段ボール板、画用紙

丁寧に貼って
美肌を
目指そう！

作り方

33

4歳児

● 個人で作る
すいすい フィッシュ

ペットボトルを半分に切って作った水槽に、色画用紙の魚をつるします。

材料 色画用紙、角型ペットボトル（2ℓ）、モール、ビニールテープ

水槽の中に
お魚を入れると
存在感アップ！

個人で作る
すいすい フィッシュ

お魚いっぱい 海の世界

お話『スイミー』の名場面を表現。ペットボトルで作った小さな水槽を、大きな魚の形にレイアウトしました。

案・製作　くまがいゆか

共同製作

■ みんなで作る
たんぽで塗る海と雲

水色に塗った模造紙に、青色(海)と白色(雲)の絵の具をたんぽでトントンと塗ります。

材料 模造紙、色画用紙、新聞紙、モール、ペットボトル(500㎖)

みんなで作る
たんぽで塗る
海と雲

空・雲・海の
コントラストが
きれい！

作り方

- 角型ペットボトル(2ℓ)を半分に切る
- 切り口をビニールテープで保護する
- 目打ちで穴を開ける
- クレヨンで顔を描く
- 色画用紙
- (裏)モール／セロハンテープ
- モールを穴に通しセロハンテープで留める
- 保育者は黒い魚を作っておく
- 絵の具で水色に塗った模造紙
- 絵の具を付けたたんぽで色を塗る
- ペットボトルは幅の広いセロハンテープなどでつなぎ合わせる
- クレヨンで模様を描く
- 色画用紙
- 入れる
- モールをセロハンテープで貼る
- ペットボトル(500㎖)に水を入れる
- 新聞紙でくるむ

35

3歳児 みんなの仲よしツリー

絵の具を手に付けて、ぬりぬりぺたぺた！
迫力満点の木ができました。

案・製作　いまいみさ

みんなで作る
仲よし手形ツリー

個人で作る
にこにこりんご

個人で作る
封筒人形

＼封筒が大変身！／

共同製作

● 個人で作る
にこにこりんご

子どもそれぞれの「にこにこ」を
りんごに表現します。

材料 色画用紙

作り方
- 色画用紙
- 描く

● 個人で作る
封筒人形

好きな色の手足を貼って、好きな柄を描いて。
かわいいお友達の出来上がりです。

材料 封筒、色画用紙

作り方
- 封筒
- 切り取る
- 描く
- 切り取る
- 色画用紙
- 貼る

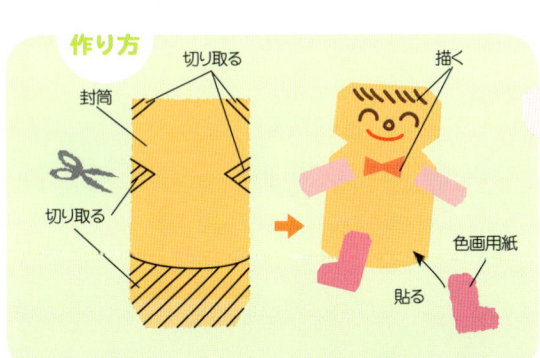

■ みんなで作る
仲よし手形ツリー

塗りたくりや手形を存分に楽しめるプラン。
完全に乾いてから次の色を重ねると、
きれいに仕上がります。

材料 模造紙、段ボール板

作り方
- 模造紙
- 絵の具で塗りたくりをする
- 段ボール板に絵の具を塗る
- 貼る
- クレヨンで描く
- 塗りたくりが乾いたら手形をスタンプする

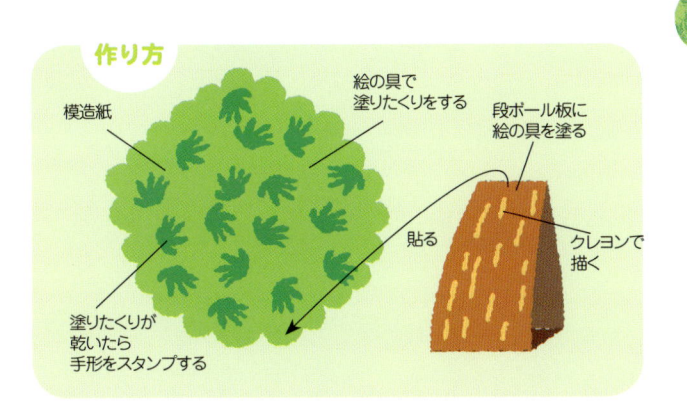

塗りたくりと
手形の
コントラストが
きれい！

37

3歳児 おいしいドーナツやさん

かわいいピンクのバスで、ドーナツやさんがやってきました！
色とりどりのおいしそうなドーナツが並びます。

案・製作　あかまあきこ

個人で作る **マイドーナツセット**

いちごドーナツ召し上がれ！

ドーナツ

● 個人で作る
マイドーナツセット

クラフト紙のドーナツに絵の具や折り紙でトッピング。
どんな味にするか、イマジネーションが広がります。

材料 クラフト紙、折り紙、色画用紙、マスキングテープ

共同製作

トッピングを貼ったらギュッと握るように押さえて

トッピングをぺたぺた…

おいしそうにできたよ！

作り方

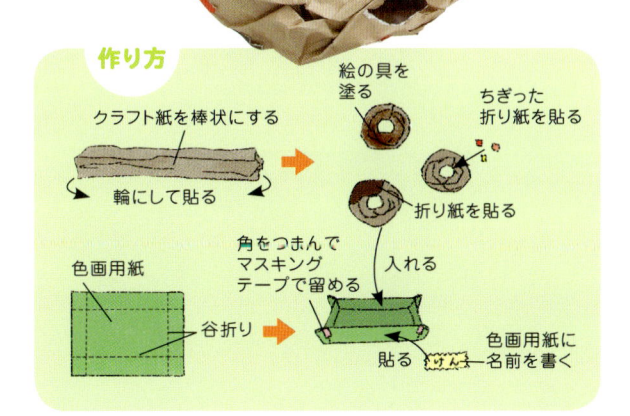

クラフト紙を棒状にする → 輪にして貼る
絵の具を塗る → ちぎった折り紙を貼る → 折り紙を貼る
色画用紙 → 谷折り → 角をつまんでマスキングテープで留める → 入れる → 貼る → 色画用紙に名前を書く（けん）

ドーナツやさんの作り方

〈材料〉色画用紙、ティッシュ箱

すべて色画用紙で作って壁に貼る

ティッシュ箱に色画用紙を貼る → ティッシュ箱を3つ重ねて色画用紙を貼る → 置く → 前後に並べて置く

型紙

※すべて色画用紙で作ります。

39

あま～いお菓子のおうち

3歳児

大きなクッキーとキャンディーが、おいしそう！
ドアを開けると、おやつを食べるくまさんに出会えます。

案・製作　あかまあきこ

個人で作る
くしゃペタクッキー

個人で作る
スタンプキャンディー

一緒に食べよう！

● 個人で作る
くしゃペタクッキー

くしゃくしゃにしてしわをつけた色画用紙と
ペタペタと貼るカラフルなトッピングでおいしさを表現。

材料 色画用紙、段ボール板、折り紙

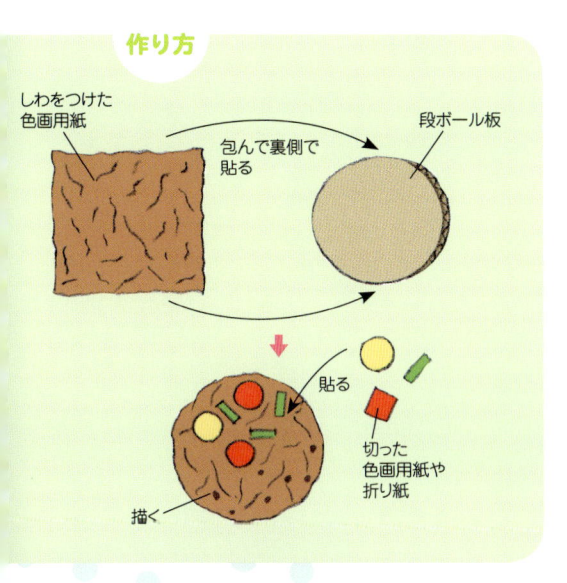

作り方

しわをつけた色画用紙 → 包んで裏側で貼る → 段ボール板

切った色画用紙や折り紙を貼る
描く

● 個人で作る
スタンプキャンディー

スタンプは何色か使って、ポップな印象に。

材料 色画用紙、段ボール板

作り方

指スタンプをする
色画用紙
段ボール板
スタンプする
色画用紙

共同製作

型紙

※すべて色画用紙と画用紙で作ります。

ドアの作り方

〈材料〉段ボール板、色画用紙、布クラフトテープ

段ボール板に色画用紙を貼る
段ボール板に色画用紙を貼る
描く
色画用紙のくまを貼る
裏面の片側だけ布クラフトテープで貼る

3歳児

はい どうぞ！

みんなで作る
デリシャスランチ

お弁当持ってピクニック

ぞうさんの大きなお弁当と、ねずみさんの小さなお弁当。
みんなで食べるとおいしいね。

案・製作　まーぶる

共同製作

■ みんなで作る
デリシャスランチ

子どもたちが好きなおかずがたくさん入った、色とりどりのお弁当です。

材料　段ボール箱、色画用紙、画用紙、クラフト紙、カラーポリ袋、エアーパッキング、発泡トレー、キルト芯、トイレットペーパー芯、軽量紙粘土、モール、毛糸、丸シール、ティッシュペーパー

色が違う物同士を隣にすると見栄えがアップ！

作り方

たこさんウィンナー
- 色画用紙を筒にする
- 切り込みを入れる
- 丸シールを貼る

目玉焼き
- 色画用紙を貼る
- 丸シールを貼る
- 画用紙にキルト芯を貼る

うさぎりんご
- 色画用紙
- 色画用紙を細長く丸める

さくらんぼ
- モール
- 着色した軽量紙粘土を丸める

ブロッコリー
- カラーポリ袋でティッシュペーパーを包む
- 丸シールを貼る

お弁当箱
- 段ボール箱に色画用紙を貼る
- 色画用紙で飾る

れんこん
- 画用紙を半分に折りパンチで穴を開ける

プチトマト
- カラーポリ袋でティッシュペーパーを包む
- 色画用紙を貼る

具だくさんサンドイッチ
（パン、チーズ、コンビーフ、卵焼き、ハム、レタス、ピーマン、きゅうり）

〈パン〉
- クラフト紙を巻く
- 端を折り畳む

〈チーズ〉
- カラーポリ袋

〈コンビーフ〉
- 色画用紙に切った毛糸を貼る

〈卵焼き〉
- エアーパッキングを色画用紙に貼る

〈ハム〉
- 色画用紙にクレヨンで描く

〈レタス〉
- 色画用紙をくしゃくしゃにする

〈ピーマン〉
- トイレットペーパー芯を切る

〈きゅうり〉
- 発泡トレーを油性ペンで塗る

型紙

※すべて色画用紙で作ります。
※ぞうは他のパーツの150％でコピーすると写真と同じバランスに仕上がります。

3歳児

天空タワーハウス

小さなおうちをたくさんつなげた迫力満点のタワーです。
カラフルな小鳥たちが空に羽ばたきます。

案・製作　代々木公園アートスタジオ

個人で作る
牛乳パックハウス

個人で作る
しあわせのはじき絵バード

わたしのおうち！

共同製作

● 個人で作る
しあわせの はじき絵バード

子どもたちが好きな色ではじき絵をした
小鳥が鮮やかに空を彩ります。

材料 画用紙、色画用紙

円形の画用紙
1枚で羽も
体も両方できる

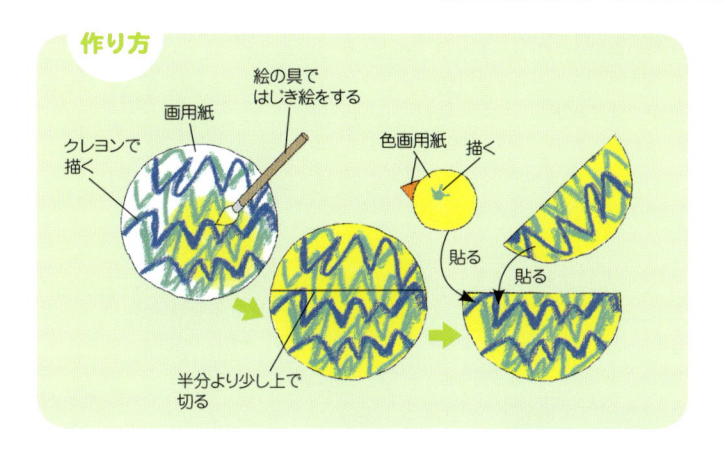

クレヨンで
描くと…

絵の具を
はじくよ！

● 個人で作る
牛乳パックハウス

500mlの牛乳パックをそのままいかして
三角屋根のおうちに。

材料 牛乳パック（500ml）、画用紙、色画用紙、模造紙

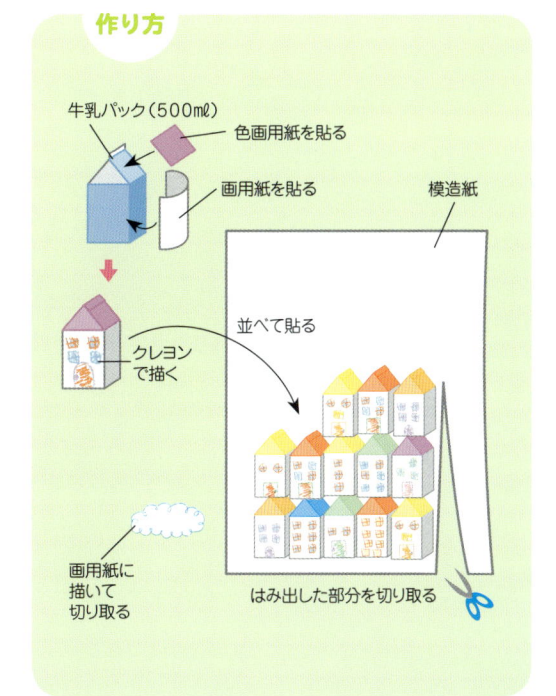

作り方

クレヨンで描く
画用紙
絵の具ではじき絵をする
色画用紙
描く
貼る
貼る
半分より少し上で切る

作り方

牛乳パック（500ml）
色画用紙を貼る
画用紙を貼る
模造紙
クレヨンで描く
並べて貼る
画用紙に描いて切り取る
はみ出した部分を切り取る

45

おまけコーナー 1

ひとくふうでおもてなし 来場者に

1 手作りボードでお出迎え

手作りの看板や会場案内は、来場者へおもてなしの心を伝えます。子どもたちの手を加え、温かく仕上げて。

2 メイン作品は入り口から見やすい位置に

存在感が強い共同作品は、パッと目に入りやすい所に設置して。場が華やぎ、子どもたちも誇らしく来場者を迎えられます。

3 製作風景やエピソードも展示

活動に至る経緯や製作中のエピソードを知らせると、来場者の感動もひとしお。写真を活用すればライブ感もアップ！

うれしい展示アイデア

4 撮影スポットにアレンジ

共同作品の周りに広めのスペースを取って、記念撮影ができるスポットに。看板や旗などの手持ちアイテムを用意するのもおすすめです。

5 展示はいろいろな場所に

廊下や階段、園庭なども展示場所として有効活用。移動時も楽しめるうえ、他年齢児の作品を目にする機会にも。園全体での盛り上がりもより伝わります。

6 子どもたちの普段の様子も見せて

遊んだり画材と親しんだりしている子どもたちの普段の様子も写真で展示。日々の生活が成長につながっていることを、改めて感じてもらえます。

47

第2章 のびのび作ろう！

個人製作

おなじみの技法から、ひと味違う素材まで
のびのびと個性を出せる製作アイデアをご紹介。
もちろん見栄えもバッチリです。

くりた やまと

自分の顔をのびのび表現

顔の自画像

絵の具に台所用洗剤を数滴混ぜるとしっかり塗れます

3歳児 発泡トレー自画像

加工しやすい発泡トレーの自画像は、目や鼻、口などに穴を開けてユーモラスに。

案・製作　くまがいゆか

材料　発泡トレー、色画用紙、台所用洗剤

作り方

絵の具を水で溶き、台所用洗剤を混ぜて顔を塗り、クレヨンで髪や目などを描く

発泡トレー
鉛筆で切り込みを入れる
色画用紙をさす
鉛筆で穴を開ける
色画用紙をさす

5歳児 片段ボール自画像

片段ボールの帯を輪にして、顔の輪郭や耳、口、鼻を作ります。形が少し変わるだけで驚くほど表情豊かに。

案・製作　くまがいゆか

材料　片段ボール、ボール紙、毛糸、ボタン、ペットボトルのふた、軽石

作り方

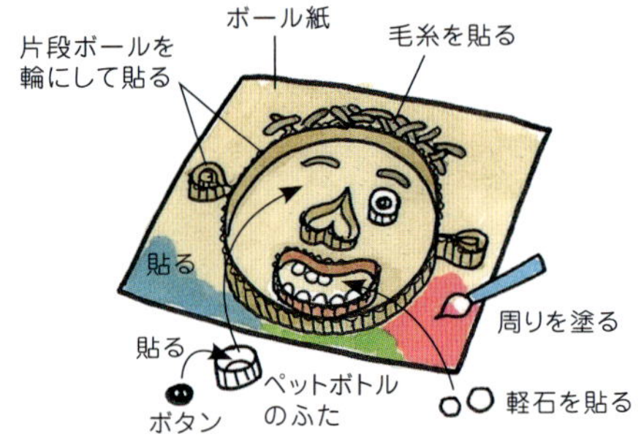

片段ボールを輪にして貼る
ボール紙
毛糸を貼る
貼る
貼る
ボタン
ペットボトルのふた
周りを塗る
軽石を貼る

※貼る際は木工用接着剤を使います。

ぼくに似てるかな？

50

個人製作

5歳児 テラコッタふう粘土自画像

テラコッタの素朴な風合いが子どもの作風とマッチ。
身近な物を使った型押しで、顔のパーツを表現します。

案・製作　くまがいゆか

材料 テラコッタふう粘土、ヨーグルトなどの容器、つまようじ、ペン、割り箸、クリップ、ペットボトルのふた

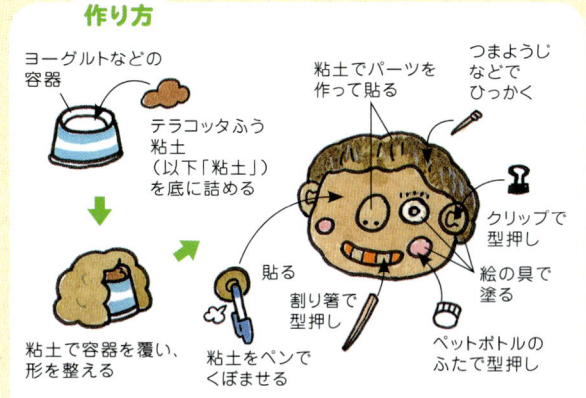

粘土の色をいかし、着色は最小限に！

作り方

- ヨーグルトなどの容器
- テラコッタふう粘土（以下「粘土」）を底に詰める
- 粘土で容器を覆い、形を整える
- 貼る
- 粘土をペンでくぼませる
- 割り箸で型押し
- 粘土でパーツを作って貼る
- つまようじなどでひっかく
- クリップで型押し
- 絵の具で塗る
- ペットボトルのふたで型押し

※貼る際は木工用接着剤を使います。

4歳児 ガーゼ＆綿自画像

目の粗い質感とにじみ具合は、ガーゼならでは。
綿を入れることで、ふわっとした温かな作品に仕上がります。

案・製作　くまがいゆか

材料 ガーゼ、綿、段ボール板、布

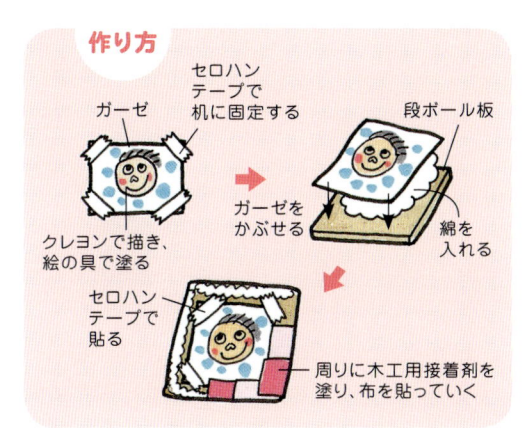

にこにこのお顔描いたよ！

作り方

- ガーゼ
- セロハンテープで机に固定する
- クレヨンで描き、絵の具で塗る
- ガーゼをかぶせる
- 段ボール板
- 綿を入れる
- セロハンテープで貼る
- 周りに木工用接着剤を塗り、布を貼っていく

綿は詰め過ぎると周りが閉じにくくなるので注意しましょう。

51

迫力いっぱい！
全身の自画像

5歳児 紙袋＆新聞紙の等身大自画像

紙袋に新聞紙を詰めた体は、迫力の重量感と存在感。
腕が自由に動かせるので、好きなポーズで展示できます。

案・製作　くまがいゆか

材料　紙袋、新聞紙、クラフト紙、画用紙、色画用紙、折り紙、トイレットペーパー芯、モール、包装紙

首は据わりが
よい位置で
しっかり
貼り付けよう!

個人製作

⑤ なぞり描きの等身大自画像
(5歳児)

紙の上に寝転がり、友達に体の輪郭をなぞってもらうのは、とても楽しい時間。色づけもダイナミックに楽しみましょう。

案・製作　くまがいゆか

材料　模造紙

作り方

〈紙袋＆新聞紙の等身大自画像〉

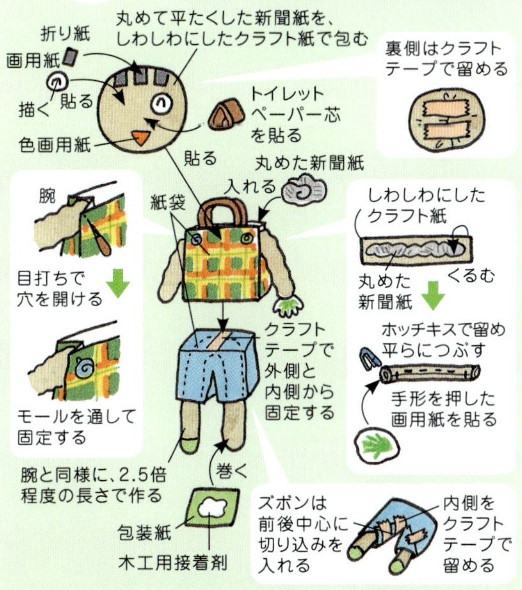

丸めて平たくした新聞紙を、しわしわにしたクラフト紙で包む

折り紙
画用紙
描く
貼る
色画用紙

トイレットペーパー芯を貼る

裏側はクラフトテープで留める

丸めた新聞紙　入れる

紙袋

腕
目打ちで穴を開ける

モールを通して固定する

しわしわにしたクラフト紙
くるむ
丸めた新聞紙
ホッチキスで留め平らにつぶす
手形を押した画用紙を貼る

クラフトテープで外側と内側から固定する

腕と同様に、2.5倍程度の長さで作る

巻く
包装紙
木工用接着剤

ズボンは前後中心に切り込みを入れる

内側をクラフトテープで留める

〈なぞり描きの等身大自画像〉

友達の体をクレヨンでなぞる

模造紙の上にうつぶせになる

線に沿って切り抜く

絵の具で着色する

全身の自画像

親しみやすさたっぷり！

5歳児 手作り洋服のおしゃれ自画像

色画用紙に切り込みを入れて折ったら、
すてきな洋服の出来上がり！
みんなの作品を並べてファッションショーふうに。

案・製作　くまがいゆか

材料　色画用紙、画用紙

作り方

〈顔・手〉
- 画用紙に描く
- 切り抜く

〈シャツ〉
- 色画用紙
- 切り込みを入れる
- 折り返して襟を作る
- 袖になる

〈スカート〉
- 色画用紙
- 切る
- 模様を描く

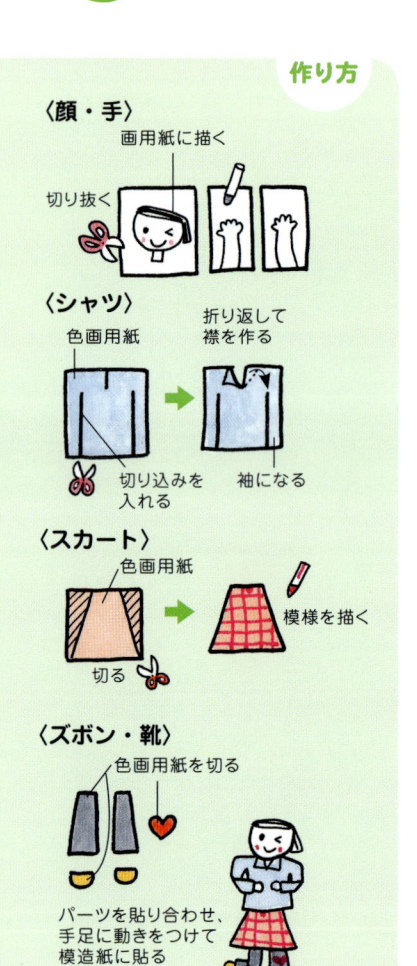

〈ズボン・靴〉
- 色画用紙を切る
- パーツを貼り合わせ、手足に動きをつけて模造紙に貼る

紙とはさみで洋服を作った後に顔や手を描くペンを子どもに渡すとスムーズ！

4歳児 折り紙のバンザイ自画像

折り紙を等分にカットしたパーツで作る全身自画像は、台紙からはみ出すくらいダイナミックに貼ると、元気なイメージに仕上がります。

案・製作　くまがいゆか

材料　折り紙、色画用紙

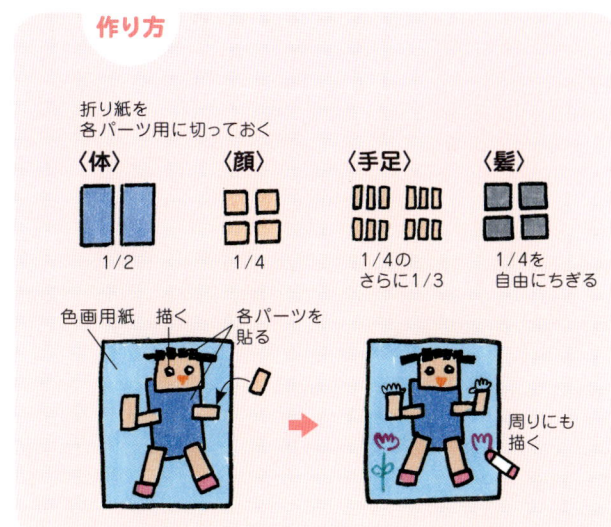

「バンザイ」をテーマにすることで、自然とポーズに動きが生まれる！

作り方

折り紙を各パーツ用に切っておく

〈体〉 1/2　〈顔〉 1/4　〈手足〉 1/4のさらに1/3　〈髪〉 1/4を自由にちぎる

色画用紙に描く → 各パーツを貼る → 周りにも描く

ひっかく動作が楽しい!

スクラッチ

クレヨン&絵の具スクラッチ
5歳児 4歳児

クレヨンで塗りつぶし、上から絵の具を重ねます。隙間なく塗れるよう、小さめの紙で作るのがこつ。

案・製作　くまがいゆか

材料　画用紙、台所用洗剤、つまようじ

- **5歳児** 2色に塗り分けて
- **5歳児** 絵の形に切り抜いて 
- **4歳児** スクラッチだけでシンプルに

作り方
①画用紙にクレヨンで隙間なく色を塗る
※絵の具は水で溶き、台所用洗剤を混ぜておく
②絵の具を上から重ねる
③つまようじなどでひっかく

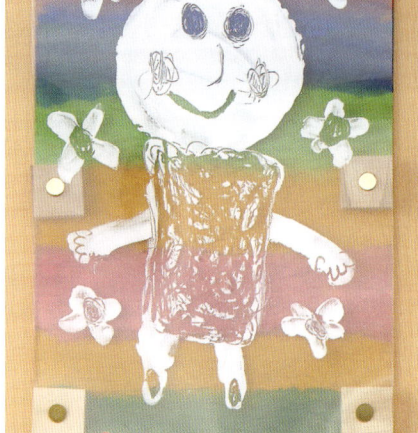

アクリル絵の具スクラッチ
5歳児 4歳児

つるつるした面に描けるアクリル絵の具と、透明なクリアファイル、それぞれの素材感をいかしました。

案・製作　くまがいゆか

材料　クリアファイル、割り箸、木の板、布、木片、画びょう

背景の柄でイメージチェンジ!

- **4歳児** 板を絵の具で塗ってカラフルに
- **5歳児** 板に布をコラージュ

作り方
- クリアファイルを1枚にしたもの
- アクリル絵の具を指に付けて描く
- 先端を削った割り箸でひっかく
- 木片
- 木工用接着剤で貼る
- 木の板に絵の具を塗るか布を貼る
- クリアファイルの絵を裏返す
- 絵がたわまないように番号順に画びょうで留める

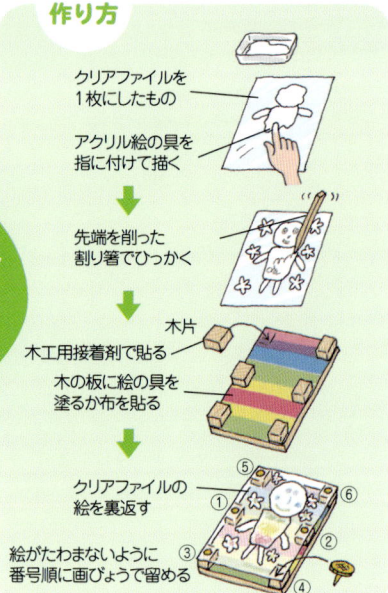

個人製作

4歳児 キラキラ折り紙スクラッチ

折り紙のメタリックな質感と
絵の具のブラックで
かっこいいコントラストが生まれます。

案・製作　くまがいゆか

材料　キラキラした折り紙、つまようじ、色画用紙

仕上がりを
イメージしやすい
クレヨン着色
仕上げ

たかい はるな　　たなか そうすけ　　かわだ ひろ

作り方

キラキラした折り紙を4枚貼り合わせる

つまようじでひっかいて模様を描く

黒のアクリル絵の具で描く

クレヨンで色を塗る

色画用紙に貼る

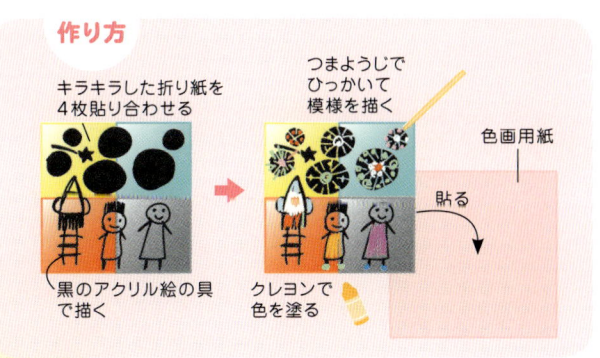

3歳児 ペン&クレヨンのお魚スクラッチ

発色のよい写真用光沢紙をペンで塗り、
クレヨンで上塗りしてスクラッチ。
柄が鮮やかに出てきれいです。

案・製作　まーぶる

材料　写真用光沢紙、割り箸、色画用紙、丸シール

作り方

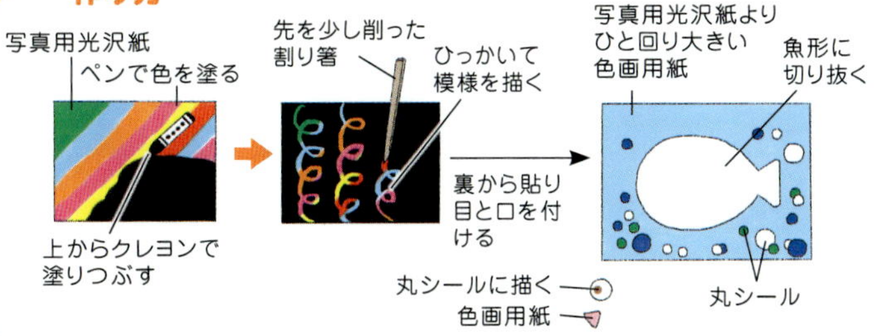

写真用光沢紙
ペンで色を塗る
上からクレヨンで塗りつぶす

先を少し削った割り箸
ひっかいて模様を描く

裏から貼り付け目と口を付ける

写真用光沢紙よりひと回り大きい色画用紙
魚形に切り抜く

丸シールに描く
色画用紙
丸シール

57

意外な風合いを楽しむ

いろいろ版画

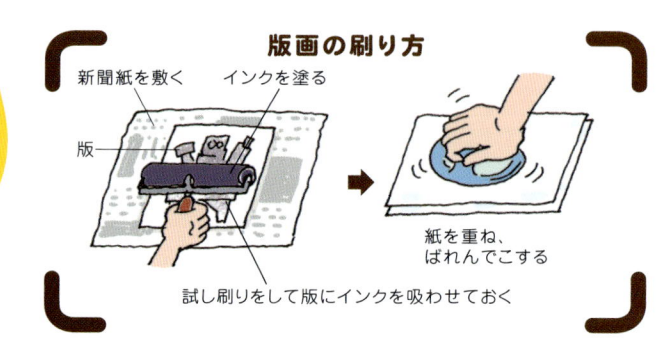

版画の刷り方
新聞紙を敷く　インクを塗る
版
試し刷りをして版にインクを吸わせておく
紙を重ね、ばれんでこする

3歳児 シンプル画用紙版画

画用紙は切り貼りがしやすく、図柄がしっかり出るので、最初の版画にピッタリの素材です。

案・製作　くまがいゆか

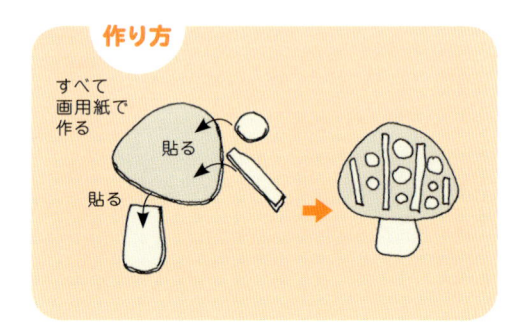

材料　画用紙、色画用紙

作り方
すべて画用紙で作る
貼る
貼る

パーツは、刷るときローラーにはぎ取られないようしっかり貼ろう

5歳児 紙箱ロボット版画

お菓子の空き箱をカットして、いろいろな形に。形をいかしてロボットの姿を作ります。

案・製作　くまがいゆか

材料　お菓子の空き箱、画用紙

作り方
空き箱を切ってパーツを作る
自由に貼って版を作る
インクをよく吸うように箱の内側を上にして貼る

58

5歳児 コラージュアニマル版画

紙やひもなど、いろいろな素材を
コラージュした動物の顔を版画に。
版も一緒に展示すると変化が楽しめます。

案・製作　俵 裕子

材料　色画用紙、画用紙、モール、麻ひも

コラージュ動物が版画に変身！

個人製作

作り方
- 色画用紙
- 麻ひも
- モール　貼る
- 貼る　画用紙　色画用紙を貼る

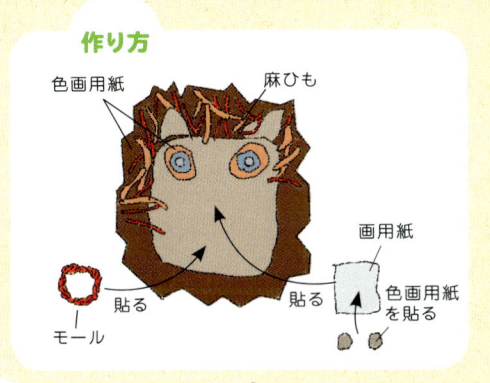

4歳児 セロハンテープ版画

セロハンテープと紙の境目や、
重なった部分が白く浮き出ます。
乾いたらクレヨンで模様をプラスして個性的に。

案・製作　俵 裕子

材料　セロハンテープ、画用紙

かんのまなは

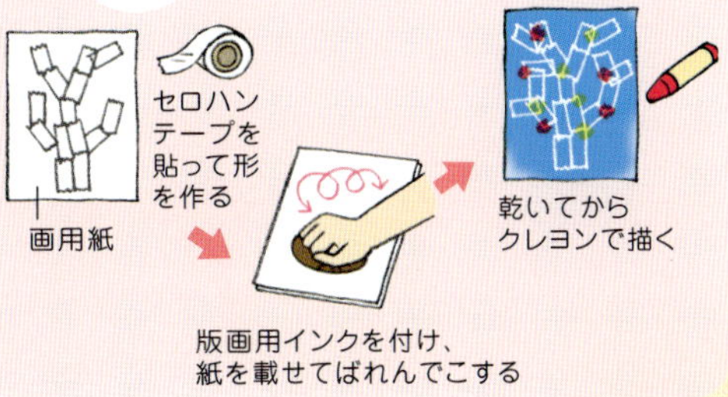

版は、光に透かして確認しながら作ると思い通りの仕上がりに

作り方
- 画用紙
- セロハンテープを貼って形を作る
- 版画用インクを付け、紙を載せてばれんでこする
- 乾いてからクレヨンで描く

59

「見るポイント」を明確に

観察画

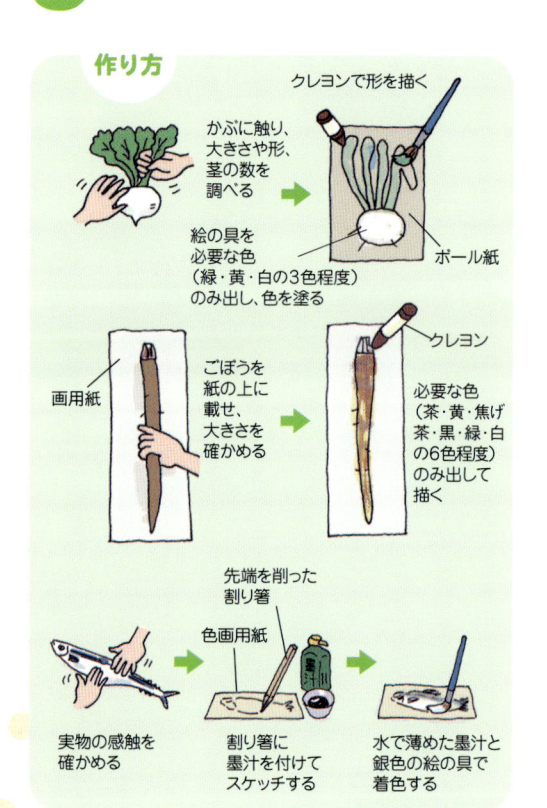

④歳児 クレヨンで描く ごぼう

紙は実物に合ったサイズや形に

⑤歳児 ④歳児 見て触って描く観察画

実物を手に取り、重さや質感を感じたり、葉・茎・ひれなどの形や数を見たりして、じっくり観察して描きます。

案・製作　くまがいゆか

材料 ボール紙、画用紙、色画用紙、割り箸

⑤歳児 クレヨン＋絵の具で かぶ

作り方

クレヨンで形を描く
- かぶに触り、大きさや形、茎の数を調べる
- 絵の具を必要な色（緑・黄・白の3色程度）のみ出し、色を塗る
- ボール紙

画用紙
- ごぼうを紙の上に載せ、大きさを確かめる
- クレヨン
- 必要な色（茶・黄・焦げ茶・黒・緑・白の6色程度）のみ出して描く

先端を削った割り箸
色画用紙
- 実物の感触を確かめる
- 割り箸に墨汁を付けてスケッチする
- 水で薄めた墨汁と銀色の絵の具で着色する

クレヨンや絵の具は必要な色のみ出すと表現しやすさがアップ！

⑤歳児 割り箸ペン＋絵の具で さんま

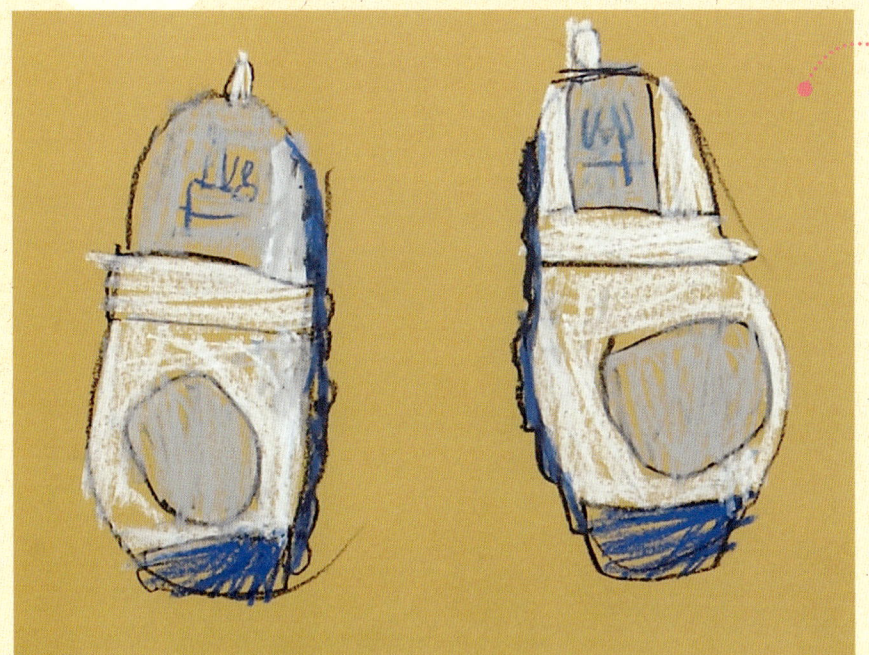

④ シンプルで描きやすい上履き

ぼくの足の形だよ～

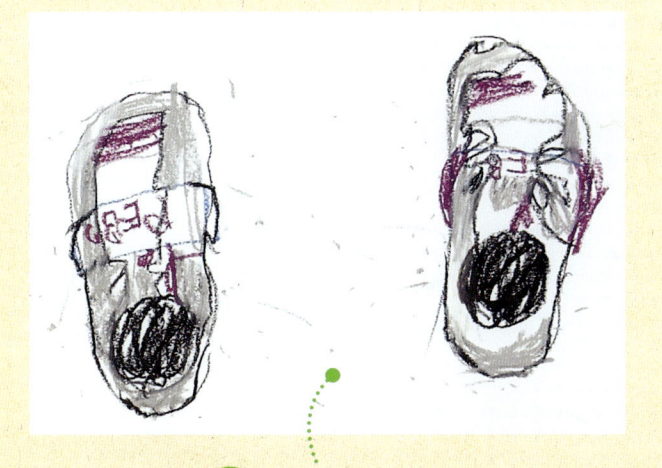

なぞって描く観察画

5歳児 **4歳児**

一見難しそうな靴の描写も、子どもたちの得意な「なぞり描き」を取り入れるとぐっと身近になります。

案・製作　くまがいゆか

材料 色画用紙、画用紙

⑤ カラフルに仕上げる外履き

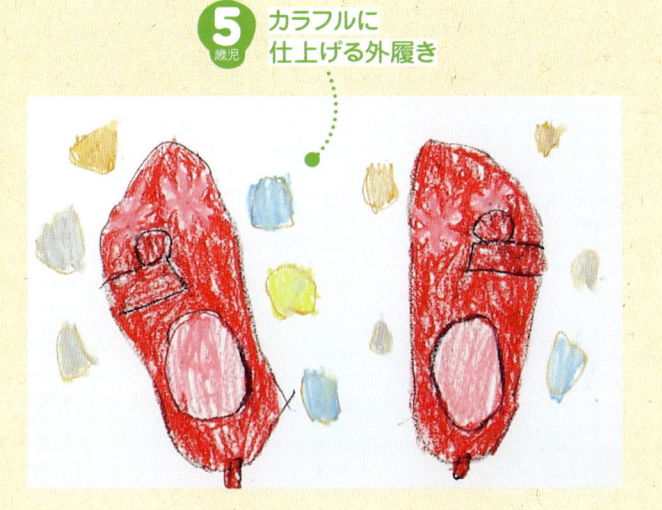

作り方

靴下で色画用紙の上に乗り、足の形をなぞる

クレヨン

机の上に履き物を置き、観察しながらクレヨンで描く

個人製作

61

いろいろな素材&方法で楽しむ

変わり描画

4歳児　砂キャンバス描画

手作りの「砂キャンバス」は凹凸がおもしろい仕上がりに。太くて硬めの筆で、絵の具をたっぷり使って描くのがこつです。

案・製作　くまがい ゆか

材料　段ボール板、木工用接着剤、砂（園芸用）

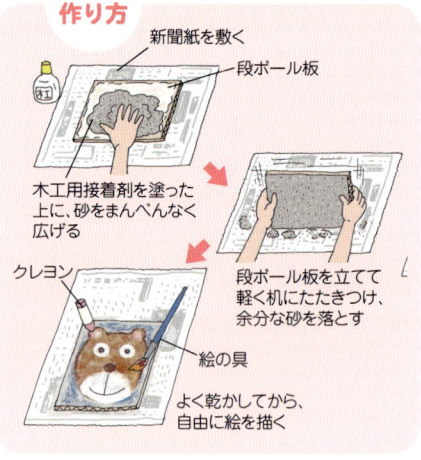

ザラザラでおもしろい！

作り方
- 新聞紙を敷く
- 段ボール板
- 木工用接着剤を塗った上に、砂をまんべんなく広げる
- 段ボール板を立てて軽く机にたたきつけ、余分な砂を落とす
- クレヨン
- 絵の具
- よく乾かしてから、自由に絵を描く

5歳児　点描ランプシェード

おなじみの点描も、ライトと組み合わせると新鮮な表情に。光の点で美しい絵が描き出されます。

案・製作　代々木公園アートスタジオ

材料　色画用紙、発泡スチロール、割り箸、くぎ、折り紙

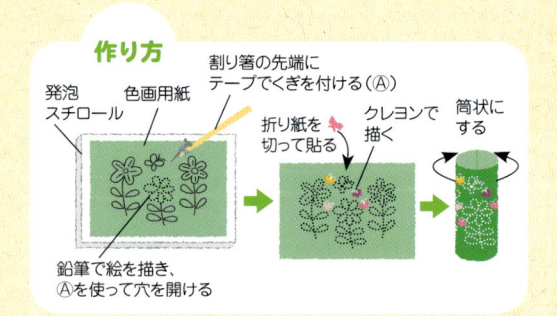

点描から漏れる明かりがロマンチック

割り箸の先端にくぎを付け、色画用紙にさして穴を開けます。

作り方
- 発泡スチロール
- 色画用紙
- 割り箸の先端にテープでくぎを付ける（Ⓐ）
- 折り紙を切って貼る
- クレヨンで描く
- 筒状にする
- 鉛筆で絵を描き、Ⓐを使って穴を開ける

はた じゅんいち　えりさわ ゆか　おだ たかひろ

62

ぷっくり
半立体に飾ると
おしゃれ！

個人製作

③ フィンガー
3歳児 絵の具描画

アクリル絵の具でフィンガーペインティング。
発色がよく、光沢があるカラー工作用紙に映えます。
乾いたらクレヨンで着色して華やかに。

案・製作　くまがいゆか

材料　カラー工作用紙、画用紙、新聞紙

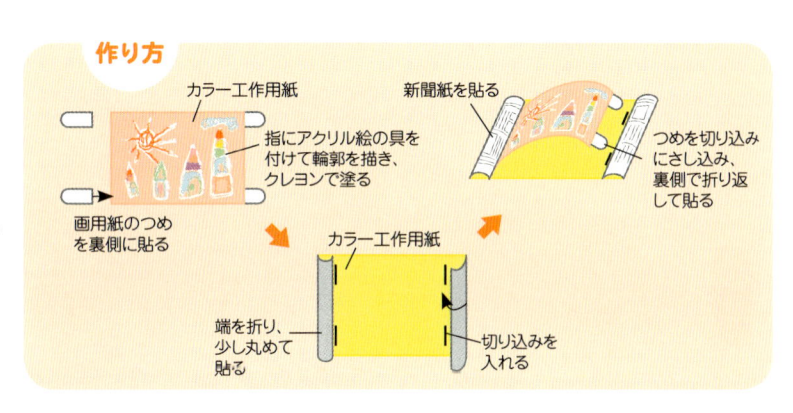

作り方

- カラー工作用紙
- 指にアクリル絵の具を付けて輪郭を描き、クレヨンで塗る
- 新聞紙を貼る
- つめを切り込みにさし込み、裏側で折り返して貼る
- 画用紙のつめを裏側に貼る
- カラー工作用紙
- 端を折り、少し丸めて貼る
- 切り込みを入れる

⑤ 半立体の
5歳児 にじみ絵フラワー

染め紙で作った花と葉を、半立体に仕上げます。
台紙からはみ出るくらいに貼って、
生命感を演出して。

案・製作　くまがいゆか

材料　障子紙、モール、画用紙

並べて貼ると、
お花畑みたい！

作り方

- 水性ペンで点や線を描く
- 障子紙を正方形に切る
- 丸める　折り畳む
- 水に浸してすぐに取り出す
- 新聞紙
- 広げて乾かす
- 乾いたら1/4に切る
- ★を中心に絞り、モールに付ける
- セロハンテープ
- 花を開く
- クレヨンで描く
- 画用紙に貼る
- にじみ絵で葉を作り、のりで貼る

63

貼る工程が楽しい!
立体貼り

作り方

- 空き箱やヨーグルトなどの容器
- アルミホイルを巻く
- たこ糸
- キラキラした折り紙
- 鉛筆に巻いて形を作る
- モール
- アルミホイル
- 丸シールに描く
- アルミカップ
- 貼る
- キラキラした折り紙
- アルミカップ、キラキラした折り紙、モールなどで自由に飾る
- キラキラしたテープ

③ 3歳児 キラキラ宇宙人

容器をアルミホイルでくるんだら土台が完成。
身近なキラキラ素材をいっぱい貼って、個性的な宇宙人に。

案・製作　宮地明子

材料 空き箱やヨーグルトなどの容器、アルミホイル、アルミカップ、キラキラした折り紙、キラキラしたテープ、モール、丸シール、たこ糸

⑤ 5歳児 折って貼ってBOXハウス

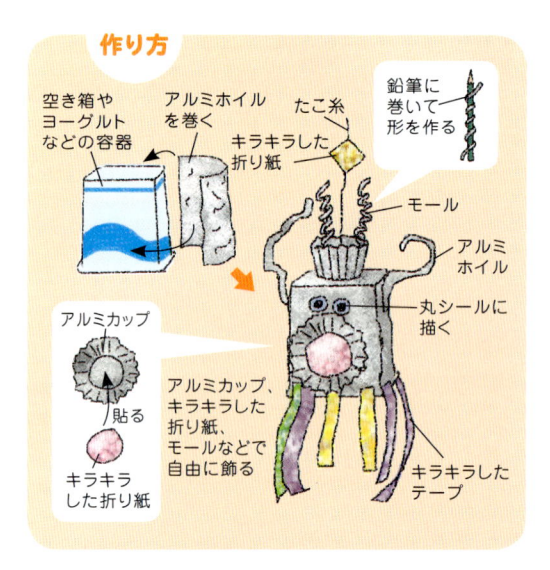

色画用紙をさまざまに折って作った家や家具を、貼ってつなげてジオラマふうに。軽い紙ならではの技法です。

案・製作　くまがいゆか

材料 色画用紙、画用紙

好きなように貼りつなげるのが楽しい!

作り方

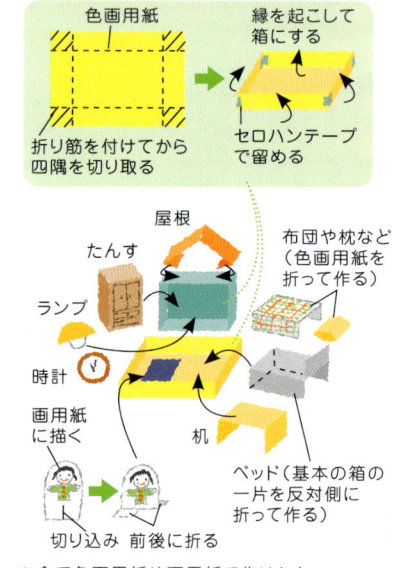

- 色画用紙
- 折り筋を付けてから四隅を切り取る
- 縁を起こして箱にする
- セロハンテープで留める

- 屋根
- たんす
- 布団や枕など（色画用紙を折って作る）
- ランプ
- 時計
- 画用紙に描く
- 机
- 切り込み　前後に折る
- ベッド（基本の箱の一片を反対側に折って作る）

※全て色画用紙や画用紙で作ります。

66

5歳児 ⑤ 片段ボールツリー

片段ボールの質感や丸めやすさは、木の幹や枝にぴったり。接着時はしばらく固定して、しっかり付けるのがポイントです。

案・製作　くまがいゆか

材料　片段ボール、画用紙、色画用紙

葉っぱや生き物など自由に飾ろう

貼るアイテムや色などでいろいろな季節が表現できます。

作り方

- 片段ボールを丸める
- 接着部分は、乾くまで洗濯ばさみで固定する
- 木工用接着剤で貼り合わせる
- 重なる部分は波をつぶし、平らにしておく
- 色画用紙に描く
- のりで貼る
- さし込む
- 切り込みを入れる
- 画用紙に描いて切り抜く
- のりで貼る

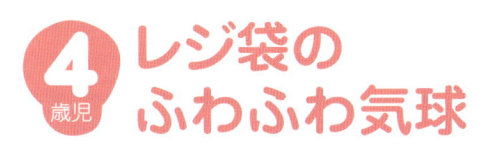

〈片段ボールの作り方〉
- 段ボール板の片面をよく濡らす
- 水を吸わせたスポンジ
- しばらく置き、接着剤が溶けてきたら表面の紙をはがす

個人製作

4歳児 ④ レジ袋のふわふわ気球

レジ袋や紙テープなど形が定まりづらい素材は、貼るのは少し難しいけど、つるすととてもきれい。気球は自由に飾って個性を出します。

案・製作　山下きみよ

材料　レジ袋、折り紙、丸シール、エアーパッキング、紙テープ、紙コップ、画用紙、ひも

気球のエアーパッキングは多めに詰めるのがポイント

作り方

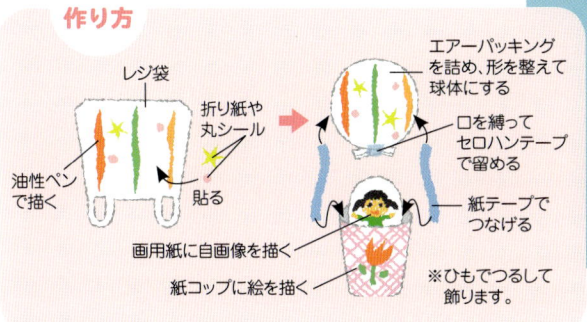

- レジ袋
- 折り紙や丸シール
- 油性ペンで描く
- 貼る
- 画用紙に自画像を描く
- 紙コップに絵を描く
- エアーパッキングを詰め、形を整えて球体にする
- 口を縛ってセロハンテープで留める
- 紙テープでつなげる

※ひもでつるして飾ります。

67

心をこめてすてきに飾る
飾り貼り

「着てみたい服」をイメージすると楽しい!

5歳児 カラフル★デコTシャツ

二つ折りした色画用紙を切ってTシャツを作り、好きな素材でデコレーション。
袖や裾も自由に切り、個性をプラスします。

案・製作　宮地明子

材料 色画用紙、カラーセロハン、折り紙、キラキラした折り紙、ビニールテープ、紙テープ、レースペーパー、片段ボール、布、リボン、ボタン、スパンコール、ビーズ、丸シール

さいとう たく
いとう ももか

作り方

色画用紙を二つ折りして切る
切り抜く
貼り合わせる
描く
好きな素材で飾る
カラーセロハン
切る・パンチ穴を開けるなどする
裏側に貼る

ゆっくりちぎれば、思い通りの形に

3歳児 ちぎり折り紙の虹色小鳥バッグ

指先をしっかり使って折り紙をちぎり、小鳥さんの羽に。色とりどりに飾っておしゃれに仕上げます。

案・製作　いまいみさ

材料 牛乳パック、折り紙、色画用紙、ひも

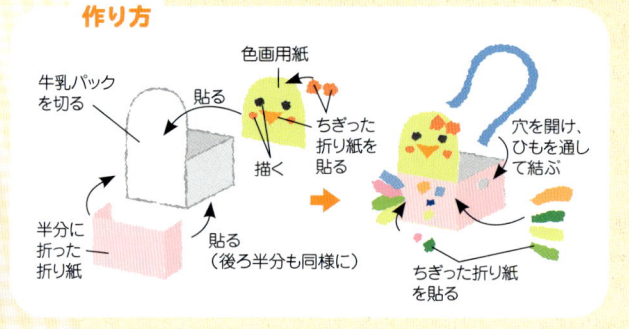

むとうゆうへい
もちだえりか

作り方

牛乳パックを切る
貼る
色画用紙
描く
ちぎった折り紙を貼る
半分に折った折り紙
貼る（後ろ半分も同様に）
穴を開け、ひもを通して結ぶ
ちぎった折り紙を貼る

68

4歳児 発泡トレーのおめかしバード

切りやすい発泡トレーは、形作りに絶好の素材。自然物とスパンコールなど、あえて違う質感の物を組み合わせ、個性的に仕上げます。

案・製作 山下きみよ

材料 発泡トレー、木の実、スパンコール、ビーズ、柄入りの紙ナプキン、ボタン、ひも、段ボール板、クレープ紙、色画用紙

作り方

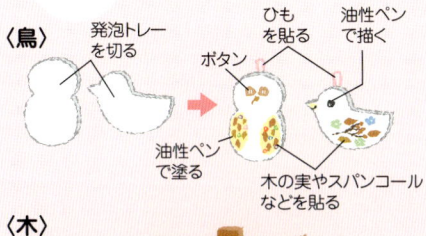

〈鳥〉
- 発泡トレーを切る
- 油性ペンで塗る
- ボタン
- ひもを貼る
- 油性ペンで描く
- 木の実やスパンコールなどを貼る

〈木〉
- 段ボール板にクレープ紙を貼る
- 色画用紙

木工用接着剤でしっかり貼ったよ

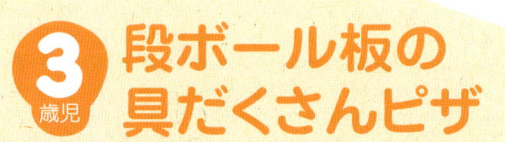

3歳児 段ボール板の具だくさんピザ

ソースを塗ったピザ台にトッピングする作業は本物と作り方が近いので、子ども達も大喜び。おいしそうになるよう、カラフルに飾ります。

案・製作 まーぶる

材料 段ボール板、折り紙、柄入り折り紙、丸シール、お花紙、紙皿、色画用紙

段ボール板に絵の具を塗り、折り紙や丸シール、丸めたお花紙などでトッピング。紙皿に載せて出来上がりです。

「その具はなに？」子どもとの会話も楽しんで

個人製作

69

寒い季節におすすめ！

毛糸を使って

4歳児 原寸大のぬくぬくセーター

実際の洋服と同じサイズに切った色画用紙に、毛糸で飾りつけ。完成したらファッションショーをしても楽しめます。

案・製作　山下きみよ

材料　色画用紙、カラー工作用紙、画用紙、毛糸

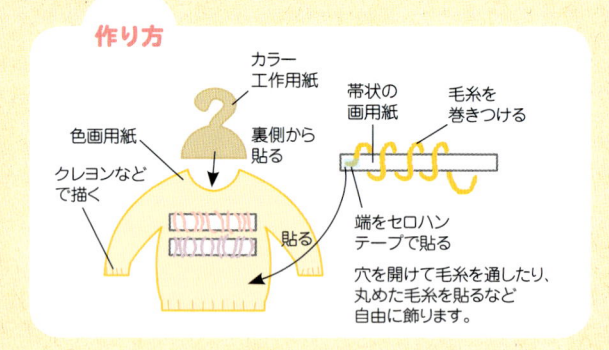

作り方

- カラー工作用紙
- 色画用紙
- 裏側から貼る
- クレヨンなどで描く
- 帯状の画用紙
- 毛糸を巻きつける
- 端をセロハンテープで貼る
- 貼る
- 穴を開けて毛糸を通したり、丸めた毛糸を貼るなど自由に飾ります。

毛糸の端をしっかり貼るときれいな仕上がりに

3歳児 巻き巻き毛糸のあったか帽子

ぐるぐる巻きと穴通し。毛糸の手触りを存分に味わいながら、製作を楽しめます。
みんなの作品を並べ、お店ふうに飾っても。

案・製作　町田里美

材料　カラー工作用紙、毛糸、色画用紙、片段ボール、麻ひも

ベースはピンキングばさみでカットすると巻きやすい！

周りをピンキングばさみで切って穴を開けたカラー工作用紙に、毛糸を巻きます。好きなモチーフをてっぺんに貼って、アクセントに。

5歳児 おしゃれ指編みマフラー

指先を器用に使える5歳児ならではの作品です。
自画像に巻いて、温かさを演出します。

案・製作　藤沢しのぶ

材料　毛糸、段ボール板、色画用紙、画用紙、ひも、厚紙

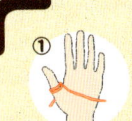

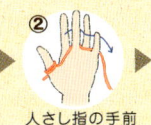

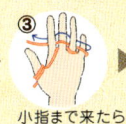

太めの毛糸を使えば、ボリュームあるマフラーに！

作り方

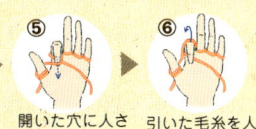

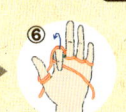

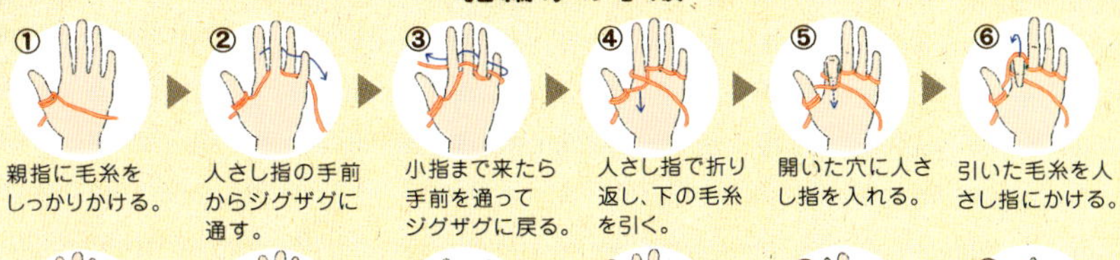

- 毛糸を巻く（厚紙）
- 中心を結ぶ
- カットして形を整える
- 段ボール板に色画用紙を貼る
- ひもを付ける
- 描く
- 画用紙
- 指編みした毛糸
- 軽く引っ張って形を整える
- 結び付ける

指編みの手順

① 親指に毛糸をしっかりかける。
② 人さし指の手前からジグザグに通す。
③ 小指まで来たら手前を通ってジグザグに戻る。
④ 人さし指で折り返し、下の毛糸を引く。
⑤ 開いた穴に人さし指を入れる。
⑥ 引いた毛糸を人さし指にかける。
⑦ これで一つの指に編めた状態。
⑧ 同じように、先にかかっている毛糸を引く。
⑨ 開いた穴に中指を通してかける。小指まで同じように編む。
⑩ 小指まで編んだら、親指と人さし指で挟んで毛糸を持つ。
⑪ 小指にかかっている毛糸を引いてかける。
⑫ 人さし指まで編めたら、④に戻って繰り返し編む。

編み終わり　小指側で30cmほど残して毛糸を切り、各指にかかっている毛糸に上から通しながら人さし指まで進む。人さし指にかかっている毛糸に何回か巻きつけてから結び、手から毛糸を外す。

5歳児 空き箱織り機のコースター

空き箱と割り箸の織り機で作ります。
仕組みを理解するのが少し難しいですが、
慣れると作業が楽しくなり、どんどん進みます。

案・製作　くまがいゆか

材料　毛糸、空き箱、割り箸、つまようじ

作り方

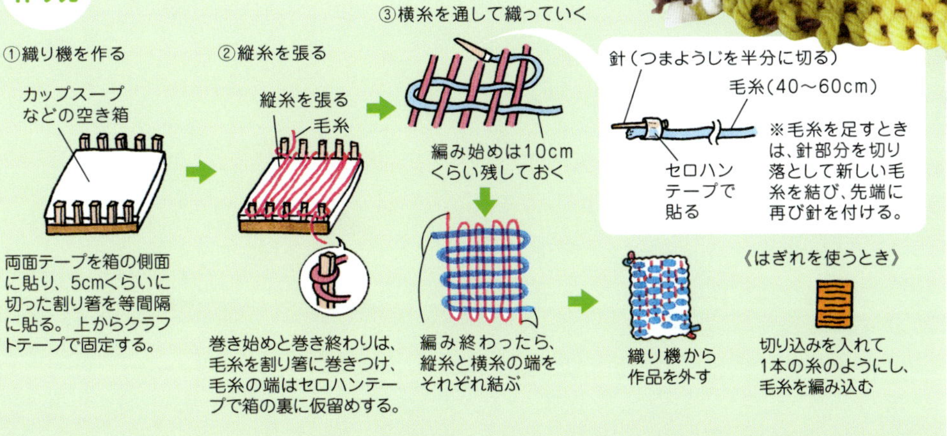

①織り機を作る
- カップスープなどの空き箱
- 両面テープを箱の側面に貼り、5cmくらいに切った割り箸を等間隔に貼る。上からクラフトテープで固定する。

②縦糸を張る
- 縦糸を張る
- 毛糸
- 巻き始めと巻き終わりは、毛糸を割り箸に巻きつけ、毛糸の端はセロハンテープで箱の裏に仮留めする。

③横糸を通して織っていく
- 編み始めは10cmくらい残しておく
- 編み終わったら、縦糸と横糸の端をそれぞれ結ぶ
- 針（つまようじを半分に切る）
- 毛糸（40〜60cm）
- セロハンテープで貼る
- ※毛糸を足すときは、針部分を切り落として新しい毛糸を結び、先端に再び針を付ける。
- 織り機から作品を外す

《はぎれを使うとき》
切り込みを入れて1本の糸のようにし、毛糸を編み込む

毛糸の色を替えてしま模様にしたり、布と組み合わせたり、太い毛糸を使ったりと、同じ技法でいろいろな表情を楽しめます。

布を使って

針も糸も使わずできる！

4歳児 ④ パッチワーク&毛糸通しバッグ

画用紙に隙間なく布を貼って、パッチワークふうに。布の組み合わせに子どもの個性が光ります。

案・製作　代々木公園アートスタジオ

材料　画用紙、布、毛糸、リボン

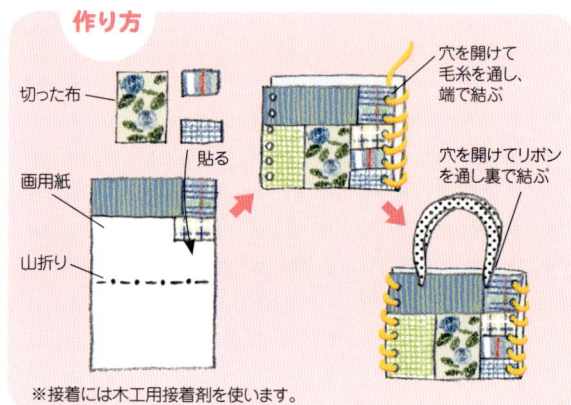

さまざまな色柄・サイズの布で個性的に！

作り方

- 切った布
- 画用紙
- 貼る
- 山折り
- 穴を開けて毛糸を通し、端で結ぶ
- 穴を開けてリボンを通し裏で結ぶ

※接着には木工用接着剤を使います。

木工用接着剤は端まで付けると完成度UP！

5歳児 ⑤ 大好きモチーフアップリケ巾着

大好きな物をアップリケで表現。
巾着は、別布を貼ることで袋状に仕上げます。

案・製作　くまがいゆか

材料　布、つまようじ、毛糸、フェルト、チロリアンテープ、ボタン

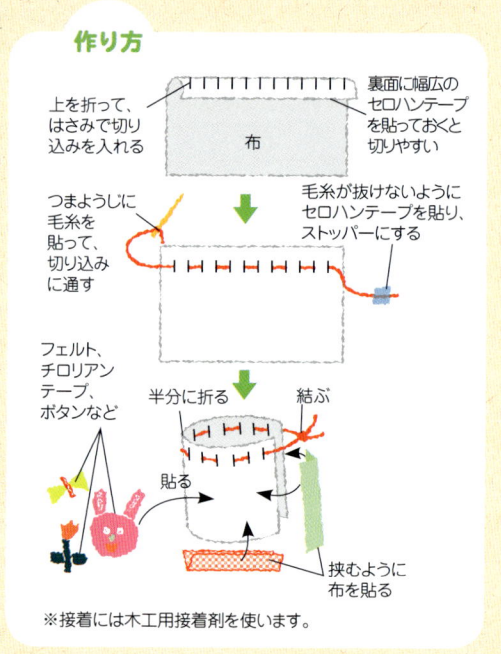

作り方

- 上を折って、はさみで切り込みを入れる
- 裏面に幅広のセロハンテープを貼っておくと切りやすい
- つまようじに毛糸を貼って、切り込みに通す
- 毛糸が抜けないようにセロハンテープを貼り、ストッパーにする
- フェルト、チロリアンテープ、ボタンなど
- 半分に折る
- 結ぶ
- 貼る
- 挟むように布を貼る

※接着には木工用接着剤を使います。

3歳児 布に描く油性ペン描画

油性ペンのにじみが楽しい！ 布ならではの質感と描き心地が楽しめる描画です。

案・製作　くまがいゆか

材料 画用紙、布、色画用紙

個人製作

新鮮な描き心地で楽しい！

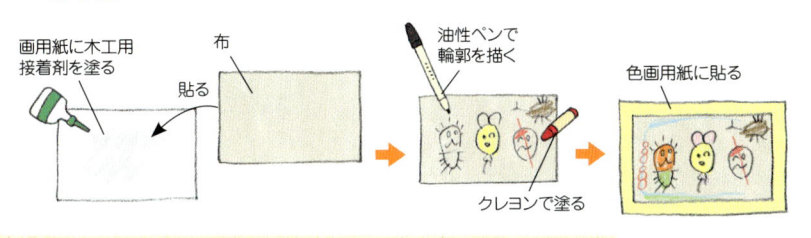

作り方

画用紙に木工用接着剤を塗る → 布を貼る → 油性ペンで輪郭を描く → クレヨンで塗る → 色画用紙に貼る

5歳児 紅茶の絞り染め手ぬぐい

紅茶で染められる驚きと、作品を普段使いできるうれしさを味わえます。
輪ゴムの付け外しは難しいので、必要に応じてサポートを。

案・製作　くまがいゆか

材料 布（さらし、手ぬぐいなど）、輪ゴム、ビー玉、紅茶、不織布袋、水、焼きミョウバン

布でビー玉を包み、輪ゴムで縛って染めると丸い柄に。

布を丸め、輪ゴムで縛って染めるとランダムなストライプ柄に。

作り方

紅茶の葉（50〜100g）を不織布を2枚重ねて作った袋に入れ、口を縛る。水（3ℓ）。紅茶の葉を入れた袋を火にかけ、沸騰後10分ほど煮たあと取り出す

水で濡らし、絞っておく。染める布を入れる。水（5ℓ）を足す。布を入れて10分ほど煮たあと、火を消して2時間ほど冷ます

焼きミョウバン（5g）を熱湯で溶いておく。菜箸で、ときどき布を沈ませる。染めた布をいったん取り出し、焼きミョウバンを入れてから、また30分浸す

染めた布を取り出し、輪ゴムなどを外して水で洗い、絞って陰干しする

※火や熱い物の扱いには十分注意しましょう。

拾ってきた宝物をいかして
自然物を使って

5歳児 ⑤ 秋の自然物ジオラマ

裏返した発泡トレーを土台に、自然物や紙粘土、空き箱などを自由に使って自分だけの世界を作ります。

案・製作　山下きみよ

材料　発泡トレー、自然物（木の実、小枝、落ち葉など）、空き箱、色画用紙、紙粘土、綿、モール

作り方

- 同じ形の発泡トレー2枚を重ね、色を塗る
- 鉛筆などで穴を開けてから小枝を差し込む
- 空き箱と色画用紙の家
- モール
- 紙粘土
- 貼る
- 落ち葉を貼る
- 紙粘土

発泡トレーは2枚重ねると安定感が増して作りやすい！

3歳児 ③ どんぐりと毛糸のペンダント

どんぐりや毛糸を入れた袋形のペンダント。色画用紙にスタンプしたフレームをプラスして、自分だけのオリジナルに。

案・製作　宮地明子

材料　どんぐり、毛糸、チャック付きビニール袋、色画用紙、リボン、ペンのふたやストローなど

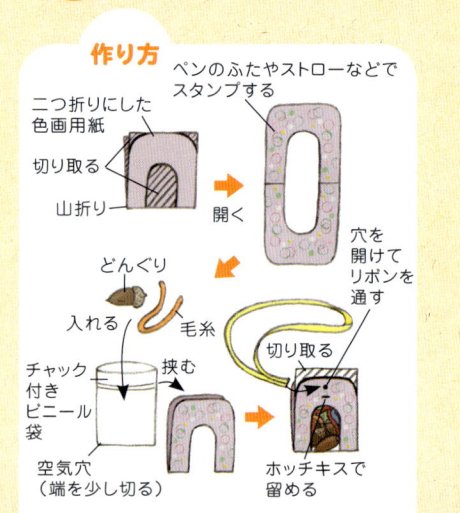

作り方

- 二つ折りにした色画用紙
- 切り取る
- 山折り
- ペンのふたやストローなどでスタンプする
- 開く
- 穴を開けてリボンを通す
- どんぐり
- 入れる
- 毛糸
- 挟む
- 切り取る
- チャック付きビニール袋
- 空気穴（端を少し切る）
- ホッチキスで留める

公園で拾ったどんぐりが、すてきなアクセサリーに

4歳児 木の実と種のオリジナルケーキ

自然物をケーキにトッピング！
拾ってきた木の実のほか、かきやかぼちゃ、
ひまわりなどの種も加えて表情豊かに。

案・製作　あかまあきこ

材料　紙コップ、紙粘土、自然物（木の実、種、乾燥豆など）、
色画用紙、レースペーパー、箱のふた、アルミホイル

個人製作

箱のふたをアルミホイルで包んで、トレーふうに。

作り方

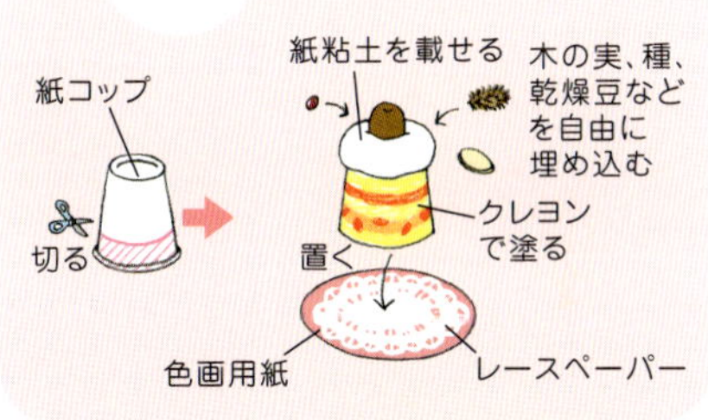

紙コップ　切る → 紙粘土を載せる／木の実、種、乾燥豆などを自由に埋め込む／クレヨンで塗る／置く／色画用紙／レースペーパー

4歳児 まつぼっくりみのむしとゆらゆらアニマル

まつぼっくりのみのむしを、
モビールふうにアレンジ。
自然物と毛糸でおしゃれした動物も、
秋の世界を彩ります。

案・製作　メイプル

材料　まつぼっくり、どんぐり、木の枝、
色画用紙、毛糸、紙皿

空間を
うまく使うと
飾りが華やかに

作り方

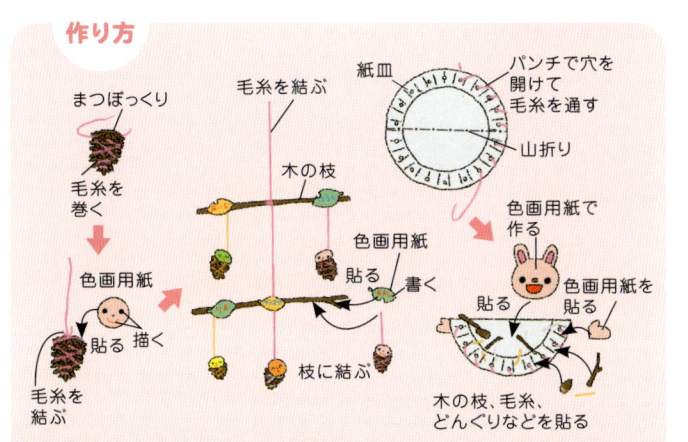

まつぼっくり／毛糸を巻く／色画用紙／貼る・描く／毛糸を結ぶ／毛糸を結ぶ／木の枝／色画用紙／貼る／枝に結ぶ

紙皿／パンチで穴を開けて毛糸を通す／山折り／色画用紙で作る／書く／貼る／色画用紙を貼る／木の枝、毛糸、どんぐりなどを貼る

75

描画や写真を華やかに引き立てる！

飾りフレーム

四隅立ち上げ箱形フレーム
5歳児

画用紙の四隅を立ち上げて箱形にしたら、折り紙やシールを貼って自由にコラージュ。軽いので飾る場所を選びません。

案・製作　くまがいゆか

材料 画用紙、折り紙、シール、毛糸

卵の殻のもこもこフレーム
5歳児

カラフルなフレームに、色付けして砕いた卵の殻で立体感をプラス。同じトーンでそろえると明るく仕上がります。

案・製作　代々木公園アートスタジオ

材料 卵の殻、段ボール板、画用紙

卵の殻は何色か作るときれいです。

作り方

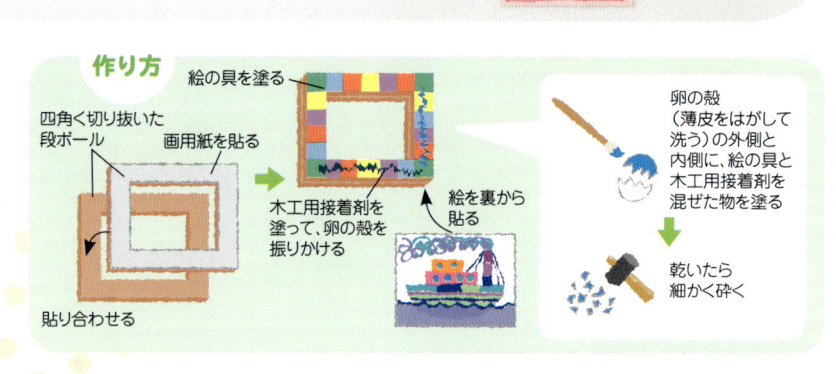

- 四角く切り抜いた段ボール
- 画用紙を貼る
- 絵の具を塗る
- 貼り合わせる
- 木工用接着剤を塗って、卵の殻を振りかける
- 絵を裏から貼る
- 卵の殻（薄皮をはがして洗う）の外側と内側に、絵の具と木工用接着剤を混ぜた物を塗る
- 乾いたら細かく砕く

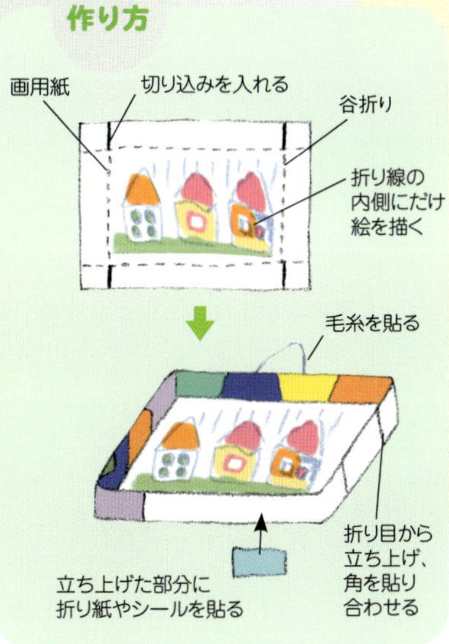

4歳児 毛糸巻き巻きフレーム

段ボールに毛糸を巻きつけて作った、ふんわりと優しいイメージのフレームです。

案・製作　くまがいゆか

材料　毛糸、段ボール板、画用紙

毛糸は端からきっちり巻くと目がそろってきれい！

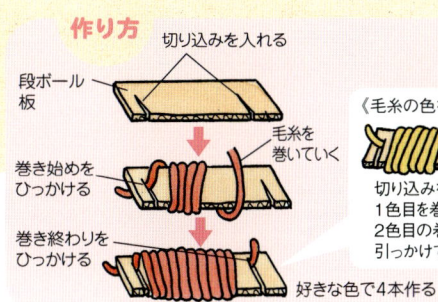

個人製作

1枚の画用紙で描画もフレームもできます。

作り方

画用紙／切り込みを入れる／谷折り／折り線の内側にだけ絵を描く

毛糸を貼る／巻き始めをひっかける／巻き終わりをひっかける／好きな色で4本作る

立ち上げた部分に折り紙やシールを貼る／折り目から立ち上げ、角を貼り合わせる

段ボール板／切り込みを入れる／毛糸を巻いていく

《毛糸の色を替えるとき》
切り込みを入れて1色目を巻き終え、2色目の巻き始めを引っかけて巻いていく。

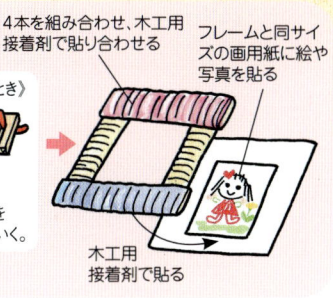

4本を組み合わせ、木工用接着剤で貼り合わせる／フレームと同サイズの画用紙に絵や写真を貼る／木工用接着剤で貼る

3歳児 軽量紙粘土のカラフルフレーム

案・製作　まーぷる

材料　軽量紙粘土、ボタン、ビーズ、段ボール板、透明の袋、写真、プリンカップ

中央穴の型抜き、着色、飾り付けなど作る楽しみが盛りだくさんのフレームです。

段ボール板を組み合わせるだけのフレーム立ては、簡単だけど安定感抜群！

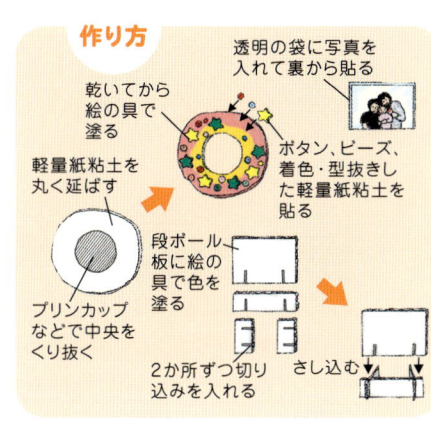

こだま みらい

作り方

透明の袋に写真を入れて裏から貼る／乾いてから絵の具で塗る／軽量紙粘土を丸く延ばす／プリンカップなどで中央をくり抜く／ボタン、ビーズ、着色・型抜きした軽量紙粘土を貼る／段ボール板に絵の具で色を塗る／2か所ずつ切り込みを入れる／さし込む

77

おまけコーナー 2

作品がすてきに栄える！とっておき

1 1つの台紙で複数の作品を展示

1つの台紙にいくつかの作品を貼って飾ると、その子のタッチや個性が際立ちます。描いた順に貼ると、成長の過程が一目でわかる利点も。

2 名札にも個性をプラス

存在感がある名札をあしらうと、展示がいきいきとした印象に。子どもの写真を組み合わせたり、ちょっとした技法を施したりして、個性を演出して。

- 写真を貼る
- 自画像＋ペーパー芯
- 折り紙をペタリ
- 自然物をあしらう
- 染め紙で囲む

3 フレームを活用して華やかに

フレームを加えると、作品がより引き立ちます。色画用紙を裏から貼ったシンプルなフレームは作品のタッチを強調し、飾りフレームを付けると、賑やかな印象になります。

飾り方アイデア

4 並べ方をひとくふう

遊び心がある展示は、子どもも来場者も楽しい気分に。作品のテーマや形状に合わせた並べ方を選びましょう。

貼る場合

規則正しく並べると、真面目できちんとしたイメージに。

ランダムに貼ると、楽しくのびのびとした雰囲気に。

大きな台紙に貼ると、統一感が生まれます。

置く場合

段差をつけると、めりはりが生まれます。

ひな壇ふうに飾れば、少ないスペースでたくさんの作品をしっかり見せられます。

棚と壁をひとつのコーナーにすると動きが出て元気な印象に。

つるす場合

軽い作品なら、紙テープでつなげて**モビールふう**に。

園芸用のネットやカラーポリを利用すると、天井や壁に貼る手間が少なくてすみます。

壁に背景をプラスすると、作品の世界観が強調されます。

79

案・製作

あかまあきこ、いまいみさ、尾田芳子、くまがいゆか、俵 裕子、藤沢しのぶ、まーぶる、町田里美、宮地明子、メイプル、山下きみよ、山下味希恵、代々木公園アートスタジオ（50音順）

カバー・表紙・本文デザイン／坂野由香、伊藤敬子、南雲綺李子
作り方イラスト／おおしだいちこ、加藤直美、河合美穂、しかのるーむ、みつき
撮影／林 均、正木達郎、安田仁志
モデル／有限会社クレヨン、セントラル子供タレント株式会社
校正／有限会社くすのき舎
編集／石山哲郎、井上淳子

作って楽しい 飾ってうれしい
わくわく 作品展
共同製作＆個人製作アイデア

2015年9月　初版第1刷発行
2017年2月　　　第2刷発行

編　者／ポット編集部
発行人／浅香俊二
発行所／株式会社チャイルド本社
　　　　〒112-8512　東京都文京区小石川5-24-21
電　話／03-3813-2141（営業）　03-3813-9445（編集）
振　替／00100-4-38410
印刷・製本／共同印刷株式会社

©CHILD HONSHA CO., LTD. 2015　Printed in Japan
ISBN 978-4-8054-0238-2
NDC 376　26×21cm　80P

チャイルド本社
ホームページアドレス

http://www.childbook.co.jp/

チャイルドブックや
保育図書の情報が盛りだくさん。
どうぞご利用ください。

◆乱丁・落丁本はお取り替えいたします。
◆本書の型紙以外のページを無断で複写複製することは、法律で認められた場合を除き、
　著作権者および出版社の権利の侵害となりますので、その場合は予め小社あて許諾を求めてください。